CROS

CURENTE LA RĂSCRUCE

Poetry from the English-speaking world
translated by students
at the West University of Timişoara

Poezii în limba engleză
traduse de studenţi
ai Universităţii de Vest din Timişoara

Edited by / Editat de
Eliza Claudia Filimon şi John Eliot

MOSAÏQUEPRESS

First published in 2022

MOSAÏQUE PRESS
Registered office:
70 Priory Road
Kenilworth, Warwickshire
CV8 1LQ

All English poems are the Copyright © of their Authors
All Romanian translations are the Copyright © of their Translators

The right of the copyright holders to be identified as the authors of this work has been asserted in accordance with Section 77 of the Copyright, Designs and Patents Act 1998.

Series editor: John Eliot

Cover art and design: Eliza Claudia Filimon

All rights reserved. No part of this publication may be reproduced, stored in a retrieval system, or transmitted in any form or by any means, electronic, mechanical, photocopying, recording or otherwise, without the prior permission of the publisher.

ISBN 978-1-906852-64-1

Writers make national literature,
translators make universal literature

Scriitorii creează literatură națională,
traducătorii creează literatură universală.

—José Saramago

Contents / Cuprins

8 Introduction / Introducere

14 Understanding poetry / A înțelege poezia
    Miriam Calleja

16 Moa Egg / Oul de moa
    Miriam Calleja

18 Burying the dark / Îngropând întunericul
    Miriam Calleja

20 At the End/ La sfârșit
    R S Thomas

22 Rich / Bogat
    R S Thomas

24 For the poet R S Thomas, 1913 - 2000 / Pentru poetul R S Thomas, 1913 - 2000
    Gillian Clarke

26 Miracle On St David's Day / Miracol de Ziua Sfântului David
    Gillian Clarke

30 Witness / Martor
    Manuel Iris

32 I am from here / Sunt de aici
    Manuel Iris

34 Man Without Fear / Neînfricat
    Sholeh Wolpé

35 The World Grows Blackthorn Walls / Se înalță ziduri de spini negri
    Sholeh Wolpé

40 hunger struck the clouds unexpectedly / foametea a lovit
      norii pe neașteptate
    George T Sipos

42 american ballad / baladă americană
    George T Sipos

46 Spring / Primăvara
    Laurence McPartlin

48 Sylvette and the Sculptor / Sylvette și sculptorul
    Laurence McPartlin

52 The Blather / Bâlbâiala
    Rachel Carney

54 The ghost of hard work will be there always /
    Fantoma muncii grele va fi acolo mereu
    Rachel Carney

56 Socks / Șosete
    Chrys Salt

60 Daffodils at Christmas / Narcise de Crăciun
    Chrys Salt

62 Blue Jay and Found Objects / Gaița albastră
    și obiectele găsite
    Carmine Giordano

64 Roses Violets and Blue / Sara pe deal într-un vechi castel
    Carmine Giordano

68 St Malo Rendezvous / Rendezvous în St Malo
    John Eliot

72 Another Story / O altă poveste
    John Eliot

	74	Village Fool / De râsul satului *Karen Gemma Brewer*
	76	Blind dogs for the Guides / Câini orbi pentru ghizi *Karen Gemma Brewer*
	78	The Many Things My Father Loved / Multele lucruri pe care le-a iubit tata *Kavita Ezekiel Mendonca*
	82	A bucket of Hot Water and Salt / O găleată cu apă fierbinte și sare *Kavita Ezekiel Mendonca*
	84	Cantata / Cantată *Andreea Iulia Scridon*
	88	Gloss / Superficialitate *Andreea Iulia Scridon*
	90	Detox Passage / Parabola curățirii *Christina Thatcher*
	92	How to Build a Boat / Cum să construiești o barcă *Christina Thatcher*
	94	Lost world / Lumea uitată *Camille Barr*
	96	Memory / Amintire *Camille Barr*
	98	Below the mountains / La poalele munților *Kate Rose*
	100	Propagating / Propagare *Kate Rose*
	102	Not My Nightmare / Nu e coșmarul meu *Donald Krieger*
	106	Our Shared Humanities / A noastră umanitate *Donald Krieger*

108 Poet, Lover, Birdwatcher / Iubitor de poezie,
páșări și frumos
Nissim Ezekiel

110 Urban / Urban
Nissim Ezekiel

112 The Pear Tree, Manse, Pontardawe / Părul, Parohia,
Pontardawe
Menna Elfyn

114 The Players / Jucătorii
Menna Elfyn

118 The Ukrainian mother / Mama ucraineană
Menna Elfyn

120 The poets / Poeții

128 The translators / Traducătorii

Published with the encouragement
of the West University of Timișoara.

Publicat cu încurajarea
Universității de Vest din Timișoara.

Kissing Through a Handkerchief

An introduction by John Eliot

Like 'kissing through a handkerchief' is the way literary translation was described by the Welsh poet R S Thomas (1913-2000). It is a beautiful metaphor but there will be many who disagree.

Though proud of his heritage and protective of his homeland, Thomas never wrote his poetry in Welsh. Indeed, he did not learn to speak the language until he was thirty. However, as Christine MacIntosh informs me, he wrote his autobiography in Welsh, also pointing out this was prose.

It seems poetry, not prose, was the issue for R S Thomas.

I was discussing this with a friend whose literary opinion I respect. She felt it was easier to write poetry than prose in a language not your own, if one was proficient, as prose had to be more correct.

It's an interesting discussion point, but not one that I would agree with. Both must be precise, reflecting what the writer needs to say. The writer should understand so that the reader may.

* * *

My son studied French at university. He is now bilingual, and his working life is in English and French. During his studies he asked me to help him with a piece of translation, English to French. I reminded him that I speak only one language, English.

"No," he said, "I have to translate a poem and I want your help understanding it."

A poet friend whose poetry is published in English and French

Sărut printr-o batistă

Introducere de John Eliot

Traducerea literară a fost descrisă drept „sărut printr-o batistă" de poetul galez R S Thomas (1913-2000). Este o metaforă frumoasă, dar sunt mulți cei care nu vor fi de acord cu această descriere.

Deși mândru de moștenirea sa și protector față de patrie, Thomas nu a scris niciodată poezie în galeză. Într-adevăr, nu a învățat să vorbească limba decât la treizeci de ani. Cu toate acestea, după cum m-a informat Christine MacIntosh, și-a scris autobiografia în galeză, subliniind că aceasta era proză.

Se pare că poezia, nu proza, era problema pentru R S Thomas.

Discutam despre asta cu o prietenă a cărei opinie literară o respect. Ea credea că este mai ușor să scrii poezie decât proză într-o limbă care nu este limba ta maternă, dacă ai competență lingvistică maximă, deoarece proza trebuie să fie mai corectă.

Este un punct interesant de discuție, dar nu unul cu care să fiu de acord. Ambele trebuie să fie precise, să reflecte ceea ce scriitorul dorește să exprime. Scriitorul ar trebui să înțeleagă pentru ca și cititorul să poată înțelege.

* * *

Fiul meu a studiat franceza la universitate. Acum este bilingv, iar în viața sa profesională folosește engleza și franceza. În timpul studiilor m-a rugat să-l ajut cu o traducere din engleză în franceză. I-am reamintit că vorbesc o singură limbă, engleza.

„Nu", a spus el, „trebuie să traduc o poezie și vreau să mă ajuți să o înțeleg."

Un prieten poet a cărui poezie este publicată în engleză și franceză mi-a spus că, deși imba engleză este limba sa maternă

told me that although he was born into the English language and not a proficient speaker of French until later in life, he did all his own translation because he did not want someone else to interpret his work.

Another poet, who writes in Welsh, has someone else translate her poetry into English because, I believe, she feels that her command of the English language is not good enough. Speaking to her, you would not be aware of this.

Understanding is only half the battle.

* * *

"I wish they were in Welsh," R S Thomas lamented in a letter to fellow poet Raymond Garlick regarding the poems in his collection *Later Poems 1972-1982*, remarking bitterly in Welsh, "*Yr hen Saesneg diawledig yn yr isymwybod.*" Thomas was telling Garlick of his habit on sleepless nights of writing strict metre poems in Welsh and failing to complete them. The phrase he used translates, according to Jason Walford Davies, the author of *Letters to Raymond Garlick*, as "The old infernal English in the subconscious."

My son-in-law Carradog speaks Welsh as his first language. He is a teacher, married to an English speaker, and the language spoken at home is English. I asked him to translate Thomas's words. Carradog did not know the context, and told me it meant "The bloody English in my head."

These two translations – similar but different – certainly explain Thomas's predicament while attempting to write Welsh on a sleepless night. But they also raise an interesting point. If this comment were a poem in translation, which phrase would the translator use? Which would be 'more correct'?

* * *

I asked an Italian to back-translate one of my poems after it had been translated into Italian. They had not seen the original. The

și nu a devenit un vorbitor competent de limbă franceză decât mai târziu în viață, și-a tradus el însuși toate poeziile, pentru că nu dorea ca altcineva să-i interpreteze opera.

O altă poetă, care scrie în galeză, cere altcuiva să-i traducă poeziile în engleză pentru că, după părerea mea, simte că nu stăpânește limba engleză suficient de bine. Dacă ai sta de vorbă cu ea, nu ai fi de aceeași părere.

A înțelege înseamnă să câștigi bătălia doar pe jumătate.

* * *

„Mi-aș dori să fie în galeză", se plângea R S Thomas într-o scrisoare către colegul poet Raymond Garlick, cu privire la poeziile din colecția sa *Later Poems 1972-1982*, remarcând cu amărăciune în galeză, „Yr hen *Saesneg diawledig yn an isymwybod*." Thomas îi povestea lui Garlick despre obiceiul său de a face nopți albe scriind poezii cu formă fixă în galeză fără a reuși să le finalizeze. Expresia pe care a folosit-o se traduce, potrivit lui Jason Walford Davies, autorul cărții *Letters to Raymond Garlick*, ca „bătrâna engleză infernală din subconștient".

Ginerele meu, Carradog, vorbește galeza ca limbă maternă. Este profesor, căsătorit cu o vorbitoare de engleză, iar limba vorbită acasă la el este engleza. L-am rugat să traducă cuvintele lui Thomas. Carradog nu cunoștea contextul și mi-a spus că înseamnă „engleza blestemată din capul meu".

Aceste două traduceri – similare, dar diferite – cu siguranță explică situația dificilă a lui Thomas, în timp ce încerca să scrie în galeză, într-o noapte nedormită. Dar apare un alt aspect interesant. Dacă acest comentariu ar fi o poezie în traducere, ce sintagmă ar folosi traducătorul? Care ar fi „mai corectă"?

* * *

Am cerut unui italian să facă un exercițiu de retroversiune

result, to say the least, was interesting. The newly translated English version caused me to look anew at the original.

The relationship between poet and translator is one of great trust on the poet's side and a lot of responsibility on the translator's. The poet releases the poem to the translator as one might release a homing pigeon, trusting it will return but not knowing the path it will take.

The translator interprets the poem and, in my view, in its new expression it becomes the work of the translator. Their understanding of the poem can be so great that they are then as the poet. It is a special relationship that I believe goes beyond 'kissing through a handkerchief'. The proof is in the book you are holding.

[Written by John Eliot and translated by Eliza Claudia Filimon, co-editors of Curente la răscruce.*]*

cu una dintre poeziile mele, după ce a fost tradusă în italiană. Nu văzuse originalul. Rezultatul a fost cel puțin interesant. Versiunea nou tradusă în engleză m-a făcut să văd varianta originală într-o altă lumină.

Relația dintre poet și traducător presupune mare încredere din partea poetului și multă responsabilitate din partea traducătorului. Poetul lasă liberă poezia în mâinile traducătorului, așa cum cineva ar da drumul unui porumbel călător, având încredere că se va întoarce, dar neștiind calea pe care acesta o va urma.

Traducătorul interpretează poezia și, în opinia mea, în noua sa exprimare, aceasta devine opera traducătorului. Traducătorii pot înțelege poezia atât de profund, încât devin asemenea poetului. Este o relație specială care cred că depășește „sărutul printr-o batistă". Dovada este în cartea pe care o ții în mâini.

[Scrisă de John Eliot și tradusă de Eliza Claudia Filimon, co-editori ai volumului Curente la răscruce.*]*

Understanding poetry
Miriam Calleja

When you say that you do not understand poetry
I hear: I don't understand the world,
    or anything in it.
Bring me a new one.

A înțelege poezia
Patricia Anton

Când îmi spui că nu înțelegi poezia
Eu aud: Nu înțeleg lumea,
    nici orice altceva din ea.
Vreau una nouă.

Moa Egg
Miriam Calleja

look how it moves
clumsily
how it moves me
with its slow reluctance
to be in the same space
with me
how it never turns its back
but never looks directly
how it protects its space
flapping
there is a nervousness beneath
its wings, like a mumbled song,
a hurried prayer, escaping;
how it flits and furrows
filling a space almost smaller
than its entire body
how it prepares to lay an egg
furtively
trying to place it where I cannot reach
how it closes the air around itself
zipping the molecules
shut

Oul de moa
Adelina-Cristina Botyan

uite cum se mişcă
neîndemânatic
cum mă mişcă
cu şovăiala sa înceată
ca să fie în acelaşi spaţiu
cu mine
cum niciodată nu-şi întoarce spatele
dar niciodată nu se uită drept în faţă
cum îşi protejează culcuşul
bătând din aripi
există o nervozitate dedesubtul
aripilor sale, ca un cântec murmurat
o rugăciune grăbită, care scapă;
cum se agită şi scurmă
umplând un spaţiu aproape mai mic
decât întregul său corp
cum se pregăteşte să facă un ou
pe furiş
încercând să îl aşeze unde nu pot ajunge
cum închide aerul în jurul său
izolând moleculele
înăuntru

Burying the dark
Miriam Calleja

As I held you
a little animal noise emerged
more of a vibration than a noise
something shaking within you,
that something shaking within me responded to.
We cried together
as though in slow motion,
in understanding,
in friendship.
Rain fell on the body we buried that night,
a low, insidious metaphor of your tears.
We lay on the ground
in deep silence, holding hands
trying to get to the bottom of this question:
What is it to be human,
when breathless in the dark,
we cannot understand the end?

Îngropând întunericul
Roberto-Alexandru Bușoi

Cât timp te îmbrățișam
un mic zgomot animalic s-a auzit
mai mult o vibrație decât un zgomot
ceva ce tremurând în tine,
a răspuns la ceva tremurând în mine.
Am plâns împreună
de parcă cu încetinitorul,
în înțelegere,
în prietenie.
Ploaia cădea pe corpul pe care l-am îngropat în acea noapte,
o metaforă profundă, insidioasă a lacrimilor tale.
Stam întinși pe pământ
în tăcere profundă, ținându-ne de mâini
încercând să ajungem la sâmburele acestei întrebări:
Ce înseamnă să fii om,
când fără respirație în întuneric,
nu putem înțelege sfârșitul?

At the end
R S Thomas

Few possessions: a chair,
a table, a bed,
to say my prayers by,
and, gathered from the shore,
the bone-like, crossed sticks
proving that nature
acknowledges the Crucifixion.
All night I am at
a window not too small
to be frame to the stars
that are no further off
than the city lights
I have rejected. By day
the passers-by who are not
pilgrims, stare through the rain's
bars, seeing me as prisoner
of the one view, I who
have been made free
by the tide's pendulum truth
that the heart that is low now
will be at the full tomorrow.

La sfârșit
Sebastian Ștefan Coman

Câteva bunuri: un scaun,
o masă, un pat,
lângă care să-mi spun rugăciunile
și, adunate de pe țărm,
crengile încrucișate, ca niște oase.
care dovedesc că natura
recunoaște Crucificarea.
Toată noaptea sunt la
o fereastră nu prea mică
Să fiu ramă pentru stelele
care nu sunt mai departe
decât luminile orașului
pe care le-am respins. Ziua
trecătorii care nu sunt
pelerini, holbându-se prin gratiile ploii
văzându-mă prizonier
al aceleași priveliști, eu care
am fost eliberat
de adevărul oscilant al valului
căci inima care e la reflux acum
va fi în flux mâine.

Rich

R S Thomas

I am a millionaire.
My bedroom is full of gold
light, of the sun's jewellery.
What shall I do with this wealth?
Buy happiness, by gladness,
the wisdom that grows with the giving
of thanks? I will convert
a child's holding to the estate
of a man, investing the interest
in the child mind. Beyond this
room are the arid sluices
through which cash pours and the heart
desiccates, watching it pass.
Men draw their curtains against
beauty. Ah, let me, when night
comes, offer the moon
unhindered entry through trust's
windows so I may dream
silver, but awake to gold.

Bogat
Eliza Claudia Filimon

Sunt milionar.
Dormitorul meu e inundat
de lumină aurie, de podoabele soarelui.
Ce să fac cu această bogăție?
Să cumpăr fericire, bucurie
înțelepciunea care crește din a spune
„mulțumesc"? Voi converti
economiile copilului în proprietățile
adultului, investind dobânda
în interesul copilului. Dincolo
de această ușă sunt rigole aride
prin care se scurg banii, iar inima
se usucă, privindu-i cum se risipesc.
Bărbații sunt orbi
la frumusețe. O, lasă-mă, la căderea
nopții, să permit lunii
să alunece nestingherită prin fereastra
încrederii, ca eu să visez
argint și să mă trezesc în aur.

For the poet R S Thomas, 1913-2000
Gillian Clarke

His death
on the midnight news.
Suddenly colder.

Gold September's driven off
by something afoot
in the south-west approaches.

God's breathing in space out there
misting the heave of the seas
dark and empty tonight,

except for the one frail coracle
borne out to sea,
burning.

Pentru poetul R S Thomas, 1913 - 2000
Eliza Claudia Filimon

Moartea lui
la știrile de noapte.
Brusc e mai frig.

Razele aurii de septembrie, alungate
de ceva ce se apropie
din sud-vest.

Dumnezeu respiră în depărtări
aburi deasupra unduirilor mării
întunecată și pustie în noaptea asta,

în afară de o bărcuță fragilă
purtată în larg,
arzând.

Miracle on St David's Day
Gillian Clarke

'They flash upon that inward eye
which is the bliss of solitude'
  – from 'The Daffodils' by William Wordsworth

An afternoon yellow and open-mouthed
with daffodils. The sun treads the path
among cedars and enormous oaks.
It might be a country house, guests strolling,
the rumps of gardeners between nursery shrubs.
I am reading poetry to the insane.
An old woman, interrupting, offers
as many buckets of coal as I need.
A beautiful chestnut-haired boy listens
entirely absorbed. A schizophrenic
on a good day, they tell me later.
In a cage of first March sun a woman
sits not listening, not feeling.
In her neat clothes the woman is absent.
A big, mild man is tenderly led
to his chair. He has never spoken.
His labourer's hands on his knees, he rocks
gently to the rhythms of the poems.
I read to their presences, absences,
to the big, dumb labouring man as he rocks.
He is suddenly standing, silently,
huge and mild, but I feel afraid. Like slow
movement of spring water or the first bird
of the year in the breaking darkness,
the labourer's voice recites 'The Daffodils'.
The nurses are frozen, alert; the patients
seem to listen. He is hoarse but word-perfect.
Outside the daffodils are still as wax,
a thousand, ten thousand, their syllables
unspoken, their creams and yellows still.
Forty years ago, in a Valleys school,

Miracol de Ziua Sfântului David

Cristiana-Ștefana Giurcă, Lara-Lorelai-Maria Balazs

„Când le văd strălucind lăuntric
solitudinea e fericire."
 – din „Odă narciselor" de William Wordsworth

O după-amiază galbenă și plină
cu narcise. Soarele calcă poteca
printre cedri și stejari enormi.
Poate fi o casă de țară, oaspeții se plimbă,
șezutul grădinarilor prin arbuști de pepinieră.
Eu citesc poezie celor nebuni.
O bătrână, întrerupând, îmi oferă
oricâte găleți de cărbune vreau.
Un băiat frumos, cu păr castaniu, ascultă
absorbit. Un schizofrenic
într-o zi bună, îmi zic ei mai târziu.
Într-o cușcă a soarelui de întâi martie
o femeie stă, nu ascultă, nu simte.
În haine dichisite, ea e absentă.
Un bărbat masiv și calm e condus cu grijă
spre scaunul său. Nu a vorbit vreodată.
Se leagănă ușor, cu mâinile-i muncite pe genunchi,
pe ritmul poeziilor.
Le citesc prezențelor, absențelor,
muncitorului masiv și mut, care se leagănă.
Se ridică în picioare subit, liniștit,
masiv și calm, dar mi-e teamă. Ca mișcarea
lină a apei de izvor sau ca prima pasăre
de anul acesta pe înserat,
vocea muncitorului recită „Odă narciselor".
Infirmierele au înghețat, atente; pacienții
par să asculte. E răgușit, dar recită perfect.
Afară, narcisele sunt de ceară,
o mie, zece mii, silabele lor
nespuse, în nuanțe de crem și galben.
Acum patruzeci de ani, într-o școală din satul Valleys,

the class recited poetry by rote.
Since the dumbness of misery fell
he has remembered there was a music
of speech and that once he had something to say.
When he's done, before the applause, we observe
the flowers' silence. A thrush sings
and the daffodils are flame.

clasa recita poezii din memorie.
Când tăcerea suferinței s-a rupt
și-a amintit de muzica vorbirii
și că odată avea și el ceva de spus.
La sfârșit, înainte de aplauze, observăm
tăcerea florilor. Un sturz cântă
iar narcisele sunt înflăcărate.

Witness

Manuel Iris

Your daughter is dancing, says my wife
touching her belly.

For the past five months
I have been a witness
of what happens there,
under her hands.

My wife is a house inside my house
and I am outside of my own heart.

I am sure she is happy, she says

and I would give up poetry
in exchange for having, inside me, my daughter.
For feeling that dance that bonds them
to all beginnings.

But the option does not exist
and I do what I can:
cooking, fulfilling cravings,
writing a poem in which I say what I can see
from this side of the skin
in which mystery embodies itself.

And I testify, with loving envy,
that an everyday miracle
is a miracle

and nothing less.

Martor
Ana-Maria-Roxana Atănăsoaiei-Balaci

Fata ta dansează, spune soția mea
Atingându-și pântecul

În ultimele cinci luni
am fost martor
la ce se întâmplă acolo,
sub mâinile ei.

Soția mea este o casă în casa mea
Iar eu mă aflu în exteriorul propriei inimi.

Sunt sigură că e fericită, zice ea

și aș renunța la poezie
ca să o am înăuntrul meu pe fata mea.
Ca să simt acel dans care le leagă pe ele
de fiecare dată.

Dar opțiunea asta nu există
și fac tot ce pot:
gătesc, îi satisfac poftele,
scriu o poezie în care spun ce pot vedea
din partea asta a corpului
în care se întruchipează misterul.

Și mărturisesc, cu gelozie afectuasă,
că un miracol de zi cu zi
e un miracol

și nu doar atat.

I am from here
Manuel Iris

To Pat Bennan and his students

One is from the places
that he has arrived,

from the language
in which he can't dream
and one day it happens
and he wakes up wondering
which one is now his house
when there is always a heart
elsewhere.

One comes from the streets
that never are the same when he returns.

One comes from the moment
in which he decided to leave
and from that other one
in which he realizes
that everything departs.

That it is impossible to stay, even if you stay.

That it is impossible, even if you come back, to be back.

I write a verse
that is like a farewell
and I point at it:

       I am from here.

Sunt de aici
Oana-Denisa Dragomir

To Pat Brennan and his students

Cineva este din locurile
în care a ajuns,

din limba
în care nu poate visa
şi într-o zi se întâmplă
şi se trezeşte întrebându-se
care este acum casa lui
când există întotdeauna o inimă
în altă parte.

Cineva vine de pe străzile
care nu mai sunt niciodată la fel când se întoarce.

Cineva vine din momentul
în care a decis să plece
şi din celălalt
în care îşi dă seama
că totul se duce.

Că este imposibil să rămâi, chiar dacă rămâi.

Că este imposibil, chiar dacă te întorci, să fii înapoi.

Scriu o strofă
care este ca un adio
şi arăt spre ea:

       Eu sunt de aici.

Man Without Fear
Sholeh Wolpé

The moon is a bruised fist tonight.
It has obliterated the stars.

I sleepwalk across the tiny island
to you, *mi Hombre Sin Miedo*,
my stony love.

It's dark and the padre in the chapel
with his missing arm and chipped toes
is soaked in yellow holy halo.

But you, *mi amor*, my lichen-crusted
beloved, stand against this moon-lit wall,
eyes sewn to the sea. Such sadness
in the curve of your spine, the tilt of your neck.

Does the smell of death still reek
through the crevices of this blood-stained wall?

Do the cries of men in Franco's blizzard of lead
still echo in the chiseled chambers of your ears?

Here are my eyelashes.
Take them in your lips.

Here is my forehead.
Let it rest on your chin.
Here is my tongue.

Something behind the wall shudders and shakes
the ancient oak. Leaves flutter and rain.

      We kiss like ghosts.

Neînfricat
Sebastian Ștefan Coman

Luna e un pumn învinețit în noaptea asta.
A făcut praf stelele.

Umblu în somn pe mica insulă
spre tine, *mi Hombre Sin Miedo*,
dragostea mea de piatră.

E întuneric și părintele din capelă
cu brațu-i lipsă și degetele ciobite
e inundat în galbenul sfintei coroane.

Dar tu, *mi amor,* încrustat de licheni.
iubitule, stai sprijinit de zidul luminat de lună,
cu ochii cusuți spre mare. Atâta tristețe
în curbura coloanei tale, în înclinarea gâtului tău.

Duhoarea morții încă persistă
prin crăpăturile acestui zid pătat de sânge?

În viforul de plumb a lui Franco strigătele oamenilor,
încă mai răsună în camerele cioplite ale urechilor tale?

Aici îmi sunt genele.
Atinge-le cu buzele tale.

Aici îmi e fruntea.
Las-o să se odihnească pe bărbia ta.
Aici îmi e limba.

Ceva în spatele peretelui tresaltă și agită.
stejarul bătrân. Frunzele-i flutură și cad în ploaie.

        Ne împreunăm într-un sărut fantomatic.

The World Grows Blackthorn Walls
Sholeh Wolpé

Tall, stiff and spiny.
Try to make it to the other side
and risk savage thorns.

We who left home in our teens,
children who crossed boundaries and were torn
by their thousand serrated tongues,
we who bear scars that bloom and bloom
beneath healed skins,
        who have we become?

I ask myself:
        Is home my ghost?
Does it wear my underwear
folded neatly in the antique chest
of drawers I bought twenty years ago,
nest inside my blouse that hangs
from one metal hanger I cannot discard?
Is it lost between these lines of books
shelved alphabetical in a language
I was not born to? Or here on the lip
of this chipped cup
my last lover left behind?

I carry seeds in my mouth. Plant
turmeric, cardamom, and tiny
aromatic cucumbers in this garden.
Water them with rain I wring
from my grandmother's songs.
They will grow, I know, against
these blackthorn walls.
They can push through anything, uncut.

I left home at thirteen.

Se înalță ziduri de spini negri
Patricia Anton, Oana-Denisa Dragomir

Înalte, dure și spinoase.
Încearcă să treci de ele
și riști să cazi în spini sălbatici.

Noi, cei plecați de acasă în adolescență
copii care am trecut granițele și am fost sfâșiați
de miile lor de crengi spinoase, noi,
purtăm cicatrici care înfloresc și înfloresc
sub pielea vindecată,
        ce s-a ales de noi?

Mă întreb:
        E casa mea fantoma mea?
Îmi poartă lenjeria intimă
împăturită frumos în cufărul antic
pe care l-am cumpărat acum douăzeci de ani,
se cuibărește în bluza mea atârnată
pe un umeraș metalic pe care nu pot s-o arunc?
E pierdută printre aceste rânduri de cărți
așezate în ordine alfabetică într-o limbă
care nu e limba mea maternă? Sau aici, pe buza
acestei cești ciobite
pe care ultimul meu iubit a lăsat-o în urmă?

Port semințe în gură. Plantez
turmeric, cardamom și castraveți
mici aromați în această grădină.
Le ud cu ploaia pe care o storc
din cântecele bunicii mele.
Știu că vor crește printre aceste ziduri
de spini negri.
Pot învinge orice, fără să se rupă.

Am plecat de acasă la treisprezece ani

I hadn't lived enough to know how
not to love.

Home was the Caspian Sea, the busy bazaars,
 the aroma of kebab and rice, Friday
lunches, picnics by mountain streams.
                I never meant to stay away.

They said come back
and you will die.

Exile is a suitcase with a broken strap.
I fill up a hundred notebooks with scribbles,
 throw them into fire and begin again,
this time tattooing the words on my forehead,
this time writing only not to forget.

Complacency is catching like the common cold.
I swim upstream to lay my purple eggs.

They say draw sustenance from this land
but look how my fruits hang in spirals
and smell of old notebooks and lace.

What is a transplanted tree
 but a *time being*
who has adapted to adoption?

Spirits urge and spirits go,
they weep and wail at the door of the temple
where I sit at the edge of an abyss.
Perhaps it's only in exile that spirits arrive.

But even this is an illusion.

Nu trăisem destul ca să știu cum
să nu iubesc.

Marea Caspică era acasă, bazarurile aglomerate,
mirosul de kebab și orez,
prânzurile de vineri, picnicuri pe lângă râuri de munte.
        Nu am vrut niciodată să stau departe.

Mi-au spus întoarce-te
și vei muri.

Exilul e o valiză cu mânerul rupt.
Umplu o sută de caiete cu mâzgălituri,
le arunc în foc și o iau de la început,
de data asta tatuându-mi cuvintele pe frunte,
de data asta scriind doar ca să nu uit.

Complacerea se ia ca o răceală obișnuită.
Înot contra curentului pentru a-mi depune ouăle purpurii.

Mi-au spus să scot hrană din acest pământ,
dar uite cum fructele mele atârnă în spirale
și miros a caiete vechi și a dantelă.

Ce e un copac transplantat
dacă nu *o ființă a timpului*
care s-a adaptat la adopție?

Spiritele îndeamnă, spiritele pleacă,
plâng și se tânguiesc la ușa templului
unde eu stau la marginea unui abis.
Poate că spiritele sosesc doar în exil.

Dar chiar și asta e o iluzie.

hunger struck the clouds unexpectedly
George T Sipos

hunger struck the clouds unexpectedly
mass-people shed tears
wailing for the loss
unfinished thoughts revenged their way back into the world
bent over the cross
he covered the deep crevasses and creaks with band-aids
this way i can use it better he explained
you know
i couldn't carry it all the way to the top
without tripping over the bones
but did you see the garden on your way
sisyphus perpetual way to the top
have you please tell me you have
oh i've seen it alright
gates chained-up and everything
big chains across
a-cross
was there a mountain
no no mountain but there was a cave
only squirrels enter the cave
and there is a big sign squirrels only
no foxes though
no foxes
was it squirrels or rats
no no squirrels after all
but some thought squirrels had access
i really should be going now
some nails are waiting for me
to be painted
thank you for the chat and the break
it was fun to see a friendly face in this heat
with the dust sticking to my face
on my way up the mountain
and the clouds
oh the clouds are just fine today
as always
you gotta be glad for the clouds

foametea a lovit norii pe neașteptate

Paula-Andreea Ghercă

foametea a lovit norii pe neașteptate
mase de oameni au vărsat lacrimi
deplângând pierderea
gânduri incomplete și-au răzbunat drumul înapoi în lume
aplecat peste cruce
a acoperit crăpăturile adânci și crevasele cu blastru
în acest fel o pot folosi mai bine a explicat el
știi
nu am putut-o duce până sus
fără să mă împiedic de oase
dar ai văzut grădina în drumul tău
drum perpetuu sisific spre vârf
ai văzut-o te rog spune-mi că da
oh am văzut-o bine
cu lanțuri pe poartă și toate cele
lanțuri încrucișate peste
o cruce
era acolo un munte oare
nu niciun munte dar era o peșteră
în peșteră intră doar veverițele
și au pus acolo un semn mare numai veverițe
fără vulpi însă
fără vulpi
erau veverițe sau șobolani
nu fără veverițe până la urmă
dar unii credeau că veverițele au acces
dar trebuie să-mi văd de drum acum
m-așteaptă niște cuie
să le vopsesc
mulțumesc pentru conversație și pauză
m-am bucurat să văd o figură prietenoasă pe arșița asta
cu praful lipit de față
în drumul meu sus pe munte
și norii
vai norii arată bine astăzi
ca întotdeauna
tre' să te bucuri de nori

american ballad. to alan ball and sam mendes
George T Sipos

sorority girls grow up to become
soccer moms
their white eyes gloomily watching oprah on tv
every day
tears running down their faces
they take cooking classes in community centers
by the supermarket
they won't have to go too far to do their shopping afterward
wild girls ashamed of their
college years
when they went to new orleans
and flashed their breasts for everyone to see
their one only and ultimate claim to fame
now eat skim yogurt and jog religiously in the morning
after they fry strips of bacon
for husbands always dead-pale in the morning
the husbands who must bring home the bacon
then spend hours at the window
watching squirrel god pretend to fly from tree to tree
in the front yard but never across the street
(he knows they see him and tries ever harder to
impress them)
how can he fly how can he fly
like that
and leaving just in time to miss him
hit the asphalt under the wheels of the mailman's truck
drunken with power for a fatal split second
dimwitted icarus forgetting that
skillful jumps from branch to branch
is not flying
they go to count episodes of soap operas
and to keep track of never-ending
tragedies of fathers who discover
daughters who are not theirs

baladă americană (pentru alan ball and sam mendes*)

Ana-Maria-Roxana Atănăsoaiei-Balaci, Sebastian Ștefan Coman

Fetele din sororități se fac mari și devin
mămici pasionate de fotbal
cu privirea pierdută urmăresc posomorât „oprah" la televizor
în fiecare zi
lacrimile curgându-le pe obraz
fac cursuri de gătit în centrele comunitare
de la supermarket
nu vor trebui să meargă prea departe la cumpărături după aceea
fete rupte de realitate, rușinate
de anii de facultate
când mergeau la new orleans
și-și arătau sânii tuturor
singura și ultima lor speranță la faimă
acum beau iaurt degresat și fac jogging cu sfințenie dimineața
după ce prăjesc felii de bacon
pentru soții palizi ca ceara, dimineața
soții care trebuie să pună pâinea pe masă
apoi petrec ore întregi la fereastră
cu ochii la zeul veveriță ce se preface că zboară din pom în pom
în curtea din față, dar niciodată peste drum
(știe că îl urmăresc cu privirea și încearcă din răsputeri să le
impresioneze)
cum de poate zbura cum de poate zbura
fix așa
și pleacă o clipită prea repede și ratează
aterizarea sub roțile mașinii poștale
îmbătat de putere pentru o fracțiune de secundă fatală
nătâng icar care uită
că săriturile îndemânatice din creangă-n creangă
nu înseamnă că poți zbura
numără episoade de telenovele
și țin evidența nesfârșitelor
tragedii ale taților care descoperă
fiice care nu sunt ale lor

but their business partners'
who is truly their half-brother or full brother (depending on how un-inspired the writer)
twisted fantasy orpheus complexes
mothers who wipe furiously moisture between their legs
and vote angrily to let the president of the gray republic grab them
so they can publicly blush at nipples on tv
and make young boys' imagination go wild
alone in their bedrooms
and they all die
in the end
absurdly no moral to it whatsoever
there is no flying in suburban america
after all

ci ale partenerilor de afaceri
care sunt de fapt frații lor vitregi sau de sânge (în funcție de cât
de neinspirat e scenaristul)
stranii complexe orfeice
mame care-și șterg cu furie umezeala dintre picioare
și votează înverșunate pentru a-l lăsa pe președintele republicii
gri să le pipăie
pentru ca apoi să roșească în public la sfârcurile de la televizor
și să lase imaginația băieților să se dezlănțuie
în dormitoare
și toată lumea moare
la sfârșit
în mod absurd, fără nicio morală
la urma urmei
nu există zbor în america suburbană

scenaristul filmului și regizorul filmului
American Beauty *(1999)*

Spring

Laurence McPartlin

The good earth
Opens its mouth
And drinks from
The rain filled
Sky,
Swelling seeds
And roots,
Cracking winters jaw.

Every pulse beats
Faster,
Free from the
Breath of frost
That hung its
Coat on bone-white
Rock,
Filled every
Crack and throat.

Soon the primrose
And the crocus
Will flame the
Woodland purse.

And leave no doubt
For the moonstruck
Hare,
To slip its sleeve
And wax the
Lips of spring.

Primăvara

Roxana Cristina Neagoie

Bunul Pământ
Își deschide gura
Și soarbe
Din cerul plin
De ploaie,
Semințe încolțite
Si rădăcini
Sfărâmând strânsoarea iernii

Fiecare inimă bate
Și mai repede
Eliberată,
De suflarea înghețată
Care-și agață
Haina pe stânca albă
Ca fildeșul
Umplând fiecare
Fisură și defileu

Curând gricioreii
Si brândușele
Vor aprinde
A codrului bogăție

Nelăsând vreun dubiu
Pentru visătorul
Iepure de câmp,
Care își suflecă mânecile
Și sărută
Ale primăverii buze.

Sylvette and the Sculptor

Laurence McPartlin

The last rays
Of the sun
Gather strength,
A brief and
Urgent pulse
Of light,
Skin tight,
Silent.

Revealing the sculptor's
Hands,
Chisel sharp,
Locked in tight
In a dream world
Which will outlast
Memories and the
Grains of men.

The universe
Ignores him and
The mirror widens
To new dimensions
And depth, where
Every vein and
Sinew become
An island
To itself.

And the space
He holds in
His mind
Must not retrace
Or doubt,
Every blow and

Sylvette și sculptorul
Cristiana-Ștefana Giurcă

Ultimele raze
Ale soarelui
Prind putere,
Un scurt și
Urgent puls
De lumină,
Pe piele,
Tăcut.

Relevând ale sculptorului
Mâini,
Ca o daltă
Prinse strâns
Într-o lume de vis
Ce va rezista
Amintirilor și
Omenirii.

Universul
Îl ignoră și
Oglinda se extinde
Către noi dimensiuni
Și abisuri, unde
Orice venă și
Tendon devin
O insulă
Pentru sine.

Iar spațiul
Ținut de el
Minte
Să nu reia
Sau să ezite,
Orice impact și

Breath must set
Her beauty free.

So, she can speak
And watch the
Poets weep.

Suflu să dea drumul
    Frumuseții.

Ca ea să poată vorbi
    Și să-i vadă
Pe poeți cum plâng.

The Blather
Rachel Carney

begins, as always,
        with a solid silver
line of thought,

        twisting, pulling out
towards the light:

                fine as silk, strong, spooled
from the depths of the mind.

But then, as the mouth begins to open,
        it drops
                away,

leaving nothing –

        just a vast hole
of dread, and the hope that words

                (battered, crawling out
                      on hands and knees)

might bring the silver back again.

A risk, then, yes, but every time,
still, I draw my breath
        and take that leap:

I hold on to the silver, try not
to let it slip,
        aware that,
if it falls away,

the blather is all I have –

                just words,

words

        words

Bâlbâiala
Roberto-Alexandru Bușoi

începe, ca întotdeauna,
        cu un fir argintiu
de gândire,

      care se răsucește, care se desprinde
spre lumină:

            fin ca mătasea, puternic, înfășurat
din adâncurile minții.

Dar apoi, când gura se deschide,
      el cade
            în gol,

fără să lase nimic...

      doar o gaură vastă
de spaimă, cu speranța că cuvintele

      (bătătorite, se târăsc afară
            pe mâini și genunchi)
ar putea aduce argintul înapoi.

Un risc, atunci, da, dar de fiecare dată,
neclintit, îmi iau inima în dinți
      pentru a face acel salt:

Mă țin de firul de argint, încerc să nu
îl las să alunece,
      conștient că,
dacă se pierde,

nu-mi mai rămâne decât bâlbâiala –

            doar cuvinte,

cuvinte

      cuvinte

The ghost of hard work will be there always
Rachel Carney

hovering above your sofa, whispering in your ear,
blowing gently in your face, sending you notification after
notification.

The ghost of hard work will force you to listen
to people on the radio talking about debt and increasing
levels of unemployment.

The ghost of hard work will hide in the creases of your wallet,
in between the pixels of your online bank statement,

curling around the edge of each direct debit,
grinning at you from behind each frivolous transaction.

Sometimes you will manage to ignore it, to get your head down,
get on with what you have to do, but it will come back

in the middle of the night, floating above your pillow,
turning itself over and over, over and over and over.

Fantoma muncii grele va fi acolo mereu
Gabriela-Raluca Duță

planând deasupra canapelei tale, șoptindu-ți în ureche
suflându-ți ușor în față, trimițându-ți notificare după
notificare.

Fantoma muncii grele te va forța să-i asculți
pe oamenii de la radio vorbind despre datorii și nivelul
crescut al șomajului.

Fantoma muncii grele se va ascunde în cutele portofelului tău,
la mijlocul pixelilor din extrasul bancar online,

răsucindu-se în jurul marginii fiecărui debit direct,
rânjind la tine din spatele fiecărei tranzacții frivole.

Câteodată vei reuși să o ignori, să îți pleci capul,
să continui să faci ceea ce ai de făcut, dar se va întoarce

în mijlocul nopții, plutind deasupra pernei tale,
răsucindu-se iar și iar, iar și iar și iar.

Socks

Chrys Salt

(A prose poem for two voices)

She: I who was young and beautiful am ironing socks.
Socks with creases. Neat pairs of pressed socks. A
leaning tower of sober socks for a sober man. Maroon
socks. Maroon. Marooned.
Black socks. Slack socks. Socks with clocks.
Timeless steamed flat socks. Seamed socks.
Navy socks with a fleck. Low key socks with the
hint of a check. Knife edge socks that mean
business.

He: I am the breadwinner.
My job is to go out and win bread.
I am he who brings home the bacon. When I am out
winning bread she says
'What about us? How can we have a relationship
when you are out winning bread all the time?
There's more to life
Than bringing home the bacon.'

She: I am alone again and watching something awful on
The box and ironing socks. His diary, as ever,
Is dense with appointments. His pink feet dive
Down the crisp ribbing of his socks like bald
Ferrets, and he's all set up. Socked and boxed.
Suit. Tie. Pristine shirt. It is so important
to look the part. Careful socks I always think
are the finishing touch.

He: I say, I win bread for you.
For you and for the children.
There is no other reason.

She: Liar!

Șosete

Paula-Andreea Ghercă, Sebastian Ștefan Coman

(Un poem epic pe două voci)

Ea: Eu, care eram tânără și frumoasă, calc șosete.
Șosete cu cute. Perechi îngrijite de șosete banale. Un turn înclinat de șosete mahmure pentru un bărbat serios. Șosete maro. Maronii. Învechite.
Sosete negre. Șosete lejere. Șosete cu pete.
Șosete banale, jilave, atemporale. Șosete cusute.
Șosete bleumarin cu pete. Șosete discrete cu
o urmă de purtare. Șosete elegante
pentru afaceri serioase.

El: Eu sunt cel care întreține familia.
Treaba mea e să pun pâine pe masă
Eu sunt cel care aduce acasă pâinea
Când sunt plecat la muncă, ea spune
„Dar cu noi cum rămâne? Cum putem să avem o relație?
când tu ești tot timpul plecat să pui pâinea pe masă?
Viața e mai mult decât atât
decât să îți întreții familia."

Ea: Sunt din nou singură și mă uit la televizor la ceva
îngrozitor și calc șosete. Jurnalul lui, ca întotdeauna,
Este întesat de întâlniri. Picioarele lui rozii se strecoară
De-a lungul tricotului aspru al șosetelor lui
precum dihorii, și e pregătit. Șosetat și ambalat.
Costum. Cravată. Cămașă curată. Este atât de important
să arate bine. Șosetele îngrijite, cred eu,
sunt tușa finală.

El: Eu spun, îți pun pâinea pe masă.
Pentru tine și pentru copii.
Nu există alt motiv.

Ea: Mincinosule!

He: She says.
She says, 'Do you think I
Wouldn't like to bring home the bacon?
Do you think I wouldn't like to bring home the bread?
I don't have any choices.'

She: He has several pairs of socks from a pack in the
same colour. 'There's always one that loses a
friend in the wash.' He says. Sometimes it
disappears forever. Hops out into the night
and never comes back! What a heel. One of
life's unsolved Mysteries. The Mystery of the
Missing Sock!
'Oh sock. Please come home. I'm so alone.
Marooned. Alone. The Police are dragging the
river…!'
Or it turns up three weeks later in a pillowcase
when you've thrown the other one out.
Socks Law they call it. Ha! Ha!
I am ironing socks in a wifely fashion. I am a
martyr to his socks. They are flat and crisp
and filed in his Sock Drawer under 'S'.
Life is in Order.

He: Sometimes, tired of winning bread
I dream at the window.
Watch the haughty starlings
winning worms on the wet lawn.
Poor chaps!
'What are you doing here she says.
Do you want me and the children to starve?'

She: My mother used to iron her towels.
I could never see any point in that…

El: Ea spune.
Ea spune, „Crezi că
N-aș vrea să pun pâine pe masă?
Crezi că n-aș vrea să fac asta?
N-am de ales."

Ea: Are mai multe perechi de șosete
dintr-un set unicolor. „Întotdeauna există una care-și
pierde perechea la spălat.' Spune el. Uneori
dispare pentru totdeauna. O șterge în noapte
și nu se mai întoarce niciodată! Ce fraieră. Unul dintre
misterele nedescifrate ale vieții. Misterul Șosetei
Pierdute!
„Oh, șoseată. Te rog vino acasă. Sunt atât de singură.
Părăsită.Singură. Poliția răscolește
râul...!'
Sau apare trei săptămâni mai târziu într-o față de pernă
după ce ai aruncat-o pe cealaltă.
I se zice Legea Șosetelor. Ha! Ha!
Calc șosete ca o soție. Sunt o
martiră a șosetelor lui. Sunt banale și aspre
și puse în sertarul lui de șosete la litera „Ș".
Viața este în ordine.

El: Uneori, obosit de muncă
Visez la fereastră.
Privesc la graurii obraznici
Prinzând viermi pe gazonul umed.
Bieții băieți!
„Ce faci aici, zice ea.
Vrei ca eu și copiii să murim de foame?"

Ea: Mama obișnuia să calce prosoapele.
Nu am înțeles rostul niciodată...

Daffodils at Christmas
Chrys Salt

Gay as a blackbird's beak
your daffodils unbud
and burst into frilled trumpets
this Christmas morning,
bringing a torch of freshness
to the season's ritual,
reminding the heart's cold bulb
of its green, forgotten centre.
Better to have left the corner bare
than focus this bright beam
on the chill comfort I have grown to.
Better not to dare
this incandescent flame
for fear its clear and unexpected shining
blinds me into love,
and, sweeter then sap, your gentleness
enters my bones
calling my roots to draw up joy again.

Narcise de Crăciun
Lara-Lorelai-Maria Balazs

Vesele ca pliscul mierlei
narcisele tale înfloresc
și se deschid în potire ondulate
în zori de Crăciun,
cu o torță de vigoare
la ritual de sezon,
amintind bulbului mort al inimii
de centru-i verde și uitat.
Mai bine-un colț pustiu
decât raza asta strălucitoare concentrată
pe tihna rece-n care am crescut.
Mai bine să nu provoc
acest foc incandescent
de teamă că lumina-i frapantă și pură
mă va orbi-n amor,
și, mai dulce ca seva, tandrețea ta
îmi pătrunde-n oase
chemându-mi rădăcinile să extragă bucurie din nou.

Blue Jay and Found Objects
Carmine Giordano

At the ecology museum
there's a Blue Jay on the wall
made from the flotsam of the sea —
pieces of plastic
glass
mesh
eyeglass frames
toy chickens
dolls' heads
coils
aluminium planes —
tucked deftly in their places —
all seeming bird
head on
at direct appearance —
the refuse behind him
transmogrified
by the sculptor's hand —
like the random
jetsam of my life
arranged here artfully
for you —
darkness and ignorance
stumble and bumble
torqued to epiphany —
draped on the scaffold
of these lines
for you —
the way the nail
hangs the bird whole
on the museum wall —
his bright eye shining —
his feathers hiding
the ravage
of his viscera

Gaița albastră și obiectele găsite
Alexandra-Oxana Drăgoi

La muzeul de ecologie
este o Gaiță Albastră pe perete
zămislită din resturile mării -
bucăți de plastic
sticlă
ochiuri de plasă
rame de ochelari
pui de jucărie
capete de păpuși
bobine
avioane din aluminiu –
așezate cu îndemânare la locul lor –
toate întruchipând păsări
cap la cap
la prima vedere –
nimicul din spatele său
prefăcut
de mâna sculptorului –
ca și hazardul
eșecurilor vieții mele
dispuse aici artistic
pentru tine –
întuneric și ignoranță
se poticnesc și se împiedică
întorcându-se spre epifanie –
înfășurate pe eșafodul
acestor versuri
dedicate ție –
felul în care cuiul
suspendă trupu-i întreg
pe peretele muzeului –
ochiul său luminos strălucind-
penele-i tăinuind
pervertirea
viscerelor sale

Roses Violets and Blue
Carmine Giordano

He said
he disliked poetry
pretty lines
and rhymes
weren't his thing
Mrs Greene
having made
him awkward
memorize
the shores
of Gitche Gumee
the barefoot boy
with cheeks of tan
Fritchee offering
her old gray head
to spare the
country's flag —
and then
there were
the modern
ambiguities
he said —
the solipsistic
references
convex mirrors
printed without
signals —
Carlos wheeling
his barrow
Louise plowing
her Anorexia
into flowers —
I'd rather
you harrow me
break my heart

Sara pe deal într-un vechi castel
Roxana Cristina Neagoie

A spus
că nu-i plăcea poezia
versurile frumoase
și rimele
nu erau genul lui
Doamna Popescu
l-a făcut să
se simtă stânjenit
memorând
lacul codrilor albastru
sub lumina blândei lune
cu coji de nucă
și car cu boi
când copii erau ei amândoi
intr-un vechi castel
suspină tânăra domniță
soțul ei iubit
nu a mai venit —
o lume pură
un ceas dedus
o întrebare
fără răspuns —
toate reflectate
într-o oglindă
cât va mai putea
geniul să pretindă
că lumea e vis —
oamenii osteniți
și coasa in spinare
Arghezi preschimbă
mucegaiuri și noroi
în frumuseți și prețuri noi —
aș prefera
să mă torturezi
să-mi frângi inima

straight
he said —
use paragraphs
topic sentences
development
capital letters
commas
semicolons —
put the period
final —
where you'd
expect it
to be

pe loc
a spus —
foloseşte paragrafe
propoziţii principale
dezvoltate
litere majuscule
virgulă
punct şi virgulă —
pune punctul
la final —
acolo unde e
de aşteptat
să fie

St Malo Rendezvous
John Eliot

Jill, me
French bar St Malo
as jazz goes down.
Pair o' guitars
acoustic electric and
vocals, not bad echoing
dolls lining walls of
old photos
black white
suited tied men
Camus Gitanes
long gone as the ash.
Watch slick fingers slide
up, a voice sings
here there everywhere
down the stringed neck.
Couple at the next table
sip light golden lager
he taps on the table
out of time. She
thinks 'I know him from some
distance and time away.'
Lot older now. Could be seventy.
A glance. Our eyes meet
lined faces. Turn back
to the guitar for
players chording fingers
frets up frets down
again again. She softly smiles
I try to react, smile
watching the singer
here there everywhere.
They stand up to leave
gather bags look around
see what they've missed from

Rendezvous în St Malo

Paula-Andreea Ghercă

Jill și eu
Într-un bar francez din St Malo
În timp ce volumul jazz-ului descrește.
Perechi de chitare
electrice, acustice și
vocaliști, ecoul nu-i rău
păpuși ticsind pereții
fotografii vechi
alb negru
bărbați la patru ace
Camus Gitanes
Demult dispărute precum scrumul.
Privește degetele care glisează
în sus, o voce se aude
ici colo, peste tot
în jos, pe corzile chitarei.
Un cuplu la masa de alături
soarbe dintr-o bere blondă
el bate ritmul în masă
atemporal. Ea
se gândește „Îl cunosc de undeva,
de multă vreme.
E mult mai în vârstă acum. Vreo șaptezeci de ani.
O privire. Ochii ne întâlnesc
fețele brăzdate. Înapoi
spre chitară pentru a-l zări
pe virtuoz acordându-și degetele
când sus, când jos
din nou și din nou. Ea zâmbește blând
Încerc să reacționez, să zâmbesc
privind la trubadur
ici colo, peste tot.
Dau să plece
își iau gențile, privesc în jur
să vadă ce au ratat

dolls lined walls
photos black and white
suited tied men so long ago
as Camus Gitanes.
Lost as the ash.
Follows her husband
passes touches me
finger to shoulder as
a spider on a web, lightly
speaking, 'John? John Eliot?'
Shaking my head
I sip my cool coffee.

pereți înțesați de păpuși
fotografii alb-negru
bărbați la patru ace, de-altădată
precum Camus Gitanes.
Pierduți la fel ca scrumul.
Își urmează soțul
trece, mă atinge
un deget pe umăr ca
un păianjen pe o pânză, rostind
ușor: „John? John Eliot?
Dau din cap că da,
Sorb din cafeaua rece.

Another Story
John Eliot

'There was too much sex in it for me.'
'For me, not enough!'
She laughed.
Wrinkles round her face forever creased.
Smiling, I voiced,
'Gratuitous and violent.'
'Oh, I didn't notice.'
'We must have been reading different stories.'

She rested back in her chair.
The late May evening rain blew.
It was cold outside but
wrong time of the year for a fire.

Spring memories.
She looked across at her dying husband,
not listening, living
in another world.

A little drunk she said,
'I used to wear suspenders for him.'
Silence as we each imagined
this once beautiful young woman.
And then laughter.
Sips of wine,
waiting for more,
but she wasn't for telling.

Tomorrow they would go from France.
A journey to their own hospital
to keep the old man
alive,
a little longer.

The conversation passed
onto other books.

O altă poveste
Eliza Claudia Filimon

„Prea mult sex după părerea mea."
„După mine, prea puțin!"
A râs.
Ridurile de pe fața ei atât de adânci.
Am răspuns, zâmbind,
„Gratuit și volent."
„Aha, nu mi-am dat seama."
„Parcă am fi citit povești diferite."

S-a relaxat pe scaun.
Ploaia târzie de mai cădea
Era frig afară dar
nu era timpul potrivit pentru a face focul.

Amintiri de primăvară.
Își privea soțul muribind,
fără să asculte, pierdută
în altă lume.

Puțin amețită, spuse,
„Obișnuiam să port bretele pentru el."
Tăcere, în timp ce ne imaginam
femeia aceasta odată tânără și frumoasă.
Apoi râsete.
Sorbeam din vin,
așteptând detalii,
dar nu avea chef să le dea.

Mâine vor pleca din Franța.
O călătorie către spitalul local
pentru a-l ține pe bătrân
în viață
încă puțin.

Conversația a continuat
cu alte cărți.

Village Fool
Karen Gemma Brewer

No-one took any pictures when they pulled the water tower down
to make way for conversion of the farm where Granddad worked.
A landmark I always looked for, to tell me I was almost home
and the voices raised in protest? Just concrete hitting stone.
We were two dozen kids at the village school
learning to live life's golden rules
second, third and fourth generations
believing we could rake the moon.
I hear they filled in Magdelen's Pond on that sharp bend in the road
where a baby in a sidecar lay buried under myth and mud.
A haunted, wooded corner where we children used to play
and the voices raised in protest? Just sparrows in the maize.
Twenty-four kids at the village school
sold down the river by the Parish Council
who only permit houses
that will sell for two hundred grand.
I may have been your village fool but I'm sad to see you die.
Locked front doors, curtains drawn, two cars in every drive.
Nameplates replacing numbers give a quaint rural address
to collars, ties and shooting sticks, a badge of your success.
Down an old green lane called Double Ditch
lived an ancient widow we thought was a witch
and used to double-dare each other to drink from the standpipe
by her door.
Now, it's tarmac-ed Willow Drive
and the tumble down cottage looks through double-glazed eyes
on twenty-four seeds from a dandelion clock
drifting on the breeze of a property plot.
Hey lady! What will you bid me for my upbringing?
My roots lie crushed
in a garlic press
on a table
in a green oak kitchen.

De râsul satului
Paula-Andreea Ghercă, Roxana Cristina Neagoie

Nimeni nu a făcut poze când turnul de apă a fost doborât
pentru a face loc conversiei către ferma-n care lucra bunicul.
Un reper pe care l-am tot căutat, să-mi spună că eram aproape acasă
și vocile ridicate în semn de protest? Doar beton lovindu-se de piatră.
Eram vreo douăji de copii la școala din sat
învățând să trăim după ale vieții legi de aur
două, trei chiar patru generații
ce credeam c-am putea atinge luna.
Am auzit că au umplut iazul Magdelen la acea curbă strânsă
a drumului
unde un bebeluș într-un ataș zăcea îngropat sub mit și noroi.
Un colț bântuit, împădurit, unde ne jucam noi copiii
și vocile ridicate în semn de protest? Doar vrăbii în lanul de porumb.
Douăzeci și patru de copii la școala din sat
din josul râului vândută de Consiliul Parohial
care autorizează case
ce se vor vinde cu două sute de miare.
Poate că am fost de râsul satului, dar mă-ntristez să te văd murind.
Ușile din față încuiate, draperiile trase, două mașini pe ici pe colo.
Plăcuțele indicatoare ce-nlocuiesc numerele arată spre o adresă
rurală bizară
către gulere, cravate și bastoane, emblemă a succesului tău.
Pe Double Ditch, o stradă verde veche și ocolitoare
trăia o văduvă bătrână pe care o credeam vrăjitoare
unde obișnuiam să ne provocăm a bea din țeava
de lângă ușa ei.
Acum, este Willow Drive asfaltată
iar cabana prăbușită privește prin ochi de termopan
pe douăzeci și patru de seminţe dintr-un ceas alb cu păpădii
rătăcind, plutind duse de vânt deasupra unei parcele.
Hei doamnă! Cât vei licita pentru educația mea?
Rădăcinile mele zac zdrobite
într-o presă de usturoi
pe o masă
într-o bucătărie verde de stejar.

Blind dogs for the Guides
Karen Gemma Brewer

In the Girl Guides
I studied just two badges
Bomb Disposal and
Rehabilitation of Disabled Pets.
We practiced on dummies,
clipping black and brown wires
inside Bakelite radios,
slipping marbles into eye-sockets
carved in dog-eared turnips,
applying bamboo splints
to fractured rhubarb.
Not 'til the exam
did we see our first live bomb.
I failed that badge.
The following year
it was dropped from the programme
but we did get a new Guide Hut
Christened Nissen
funded from the insurance
and a big black guard dog
we named Clarence
that was only slightly short-sighted.

Câini orbi pentru ghizi
Ana-Maria-Roxana Atănăsoaiei-Balaci

În ghidurile turistice
Am studiat doar două insigne
Dezamorsarea bombelor și
Reabilitarea animalelor de companie cu handicap.
Ne-am antrenat pe manechine,
tăind fire negre și maro
în interiorul radiourilor de Bachelită,
strecurând bile de sticlă în orbite
legume sculptate ca urechi de câine,
folosind așchii de bambus
pentru rubarba frântă.
Abia la examen
am văzut prima noastră bombă reală.
Am ratat acea insignă.
Anul următor
a fost scoasă din program
dar am primit un nou Adăpost pentru Ghizi
Botezat Nissen
finanțat din asigurare
și un câine mare de pază negru
pe care l-am numit Grivei
care era doar ușor miop.

The Many Things My Father Loved
Kavita Ezekiel Mendonca

My father loved the sun
I think the sun loved him back
Unrequited love from the sun
Would have been a hard thing for him to bear
After all he had no complaints
About the hot Bombay sun
He wrote poems about it
Loved the sun and the city.

My father loved the moon
Its reflection shone in his eyes
He saw no man or rabbit in it
Only poetry, lines of poems
Floating in the moonlight for him to catch
Transport them to his earthly pages
Paint them with the artist's touch.

My father loved the stars
There was a surge in the twinkle in his eyes
Like a gently rising ocean tide
When he spoke of the stars,
Shooting stars were his favorite
His gravestone told of shooting stars
Across the sky, and how they were a sight to behold
He didn't want to 'burn up, but be seen,'
'That would make sense to him',
His poem on the gravestone said.

My father loved the sea breeze
He wanted to be buried in the garden
In our home by the sea
So he could feel the breeze on him
Under the earth,
He would be thankful for the coolness.

Multele lucruri pe care le-a iubit tata
Adelina-Cristina Botyan, Roberto-Alexandru Buşoi

Tata iubea soarele
Cred că şi soarele îl iubea la rândul lui
Dragoste neîmpărtăşită de soare
Ar fi fost un lucru greu de suportat pentru el
La urma urmei, nu se plângea
De soarele fierbinte din Bombay
A scris poezii despre el
Iubea soarele şi oraşul.

Tata iubea luna
Reflexia ei îi strălucea în ochi
Nu vedea nici un şoarece care ronţăie brânza
Doar poezie, versuri de poezii
Plutind în lumina lunii, iar el să le prindă
Să le transporte în paginile sale pământeşti
Să le picteze cu atingerea sa de artist.

Tata iubea stelele
Era o maree de scântei în ochii lui luminoşi
Ca un val oceanic care creşte domol.
Când vorbea despre stele,
Stelele căzătoare erau preferatele lui
Piatra lui funerară povestea despre stele căzătoare
Care traversau cerul, o privelişte uimitoare
El nu voia să „se stingă, ci să fie văzut"
"Asta avea sens pentru el",
Spunea poezia de pe piatra lui funerară.

Tata iubea briza mării
A vrut să fie îngropat în grădină
Acasă la malul mării
Ca să simtă briza
Sub pământ,
Ar fi fost recunoscător pentru răcoare.

Above all, my father loved us, his children
Celebrated us in verse and in rhyme
Named me prophetically
So I could write about him
And the many things he loved
It's my turn now, returning in full circle
To declare the things he loved
As I too love the many things he loved
Because it is he who taught me to love them.

Mai presus de toate, tata ne-a iubit pe noi, copiii lui
Ne elogia în versuri și în rime
Mi-a dat un nume profetic
Pentru a putea scrie despre el
Și multele lucruri pe care le-a iubit
Acum e rândul meu, să-i urmez calea
Să pronunț lucrurile pe care le-a iubit
Așa cum și eu iubesc multele lucruri pe care le-a iubit
Pentru că el este cel care m-a învățat să le iubesc.

A Bucket of Hot Water and Salt
Kavita Ezekiel Mendonca

I have forgotten why I came
From the foothills of the Himalayas to flat prairie land.
Perhaps the swirling mists and heavy fog have dimmed
the reasons.
Yet, I was one of the lucky ones, I brought home with me
A husband and children to share the separation
From my homeland, and the warmth of the Bukhari.
My *rotis* turn out like the map of India.
I need the skilled hands of the home fires.

Once, in college days, I helped build a well, in a village
outside the city
Eager to do my part for Social Service to the
poorer community,
Conscious of my blessings where water poured out of a tap
Even if for two hours a day, the man with the camel skin bags
was ready if it didn't.
I passed the *ghamelas* full of mud from the top of the hill
Down the assembly line to the bottom
Baked in the sun, and exhausted in every limb
I returned home to water and love.
Grandmother put a handful of salt in a bucket of hot water
Told me to soak my feet in it,
'It will take away the pain and the fatigue,' she said
Home is where the healing takes place.

Now, I walk in the migrant's shoes metaphorically
Where will they call home? When will they get there?
Did they sleep on the train tracks?
Because they thought no train was coming? Or, if they
perchance reached home
Were their grandmothers waiting with a bucket
of hot water and salt
To ease the pain?
My quest for answers is a search for The Holy Grail.

O găleată cu apă fierbinte și sare
Gabriela-Raluca Duță

Am uitat de ce am venit
De la poalele Himalayei, la întinderile preieriei.
Poate că vârtejul negurii și ceața deasă au umbrit motivele.
Totuși, am fost printre cei norocoși, am adus acasă
Un soț și copii cu care să-mpart despărțirea
De patria mea, și căldura Bukhari-ului.
Roti îmi ies ca harta Indiei.
Am nevoie de mâinile iscusite ale focurilor de acasă.

Odată, în vremea studenției, am ajutat la construirea unei
fântâni, într-un sat din afara orașului
Nerăbdătoare să-mi aduc contribuția la Serviciul Social
pentru comunitatea mai săracă
Conștientă de binecuvântări, unde apa curge la robinet
Chiar și pentru două ore pe zi, bărbatul cu sacii din piele de
cămilă fiind pregătit să rezolve dacă nu se întâmpla așa.
Am dat *ghamelas* pline cu noroi de pe vârful dealului
Din mână-n mână, până jos
Scăldată în soare și cu oboseală în fiecare membru
M-am întors acasă, la apă și iubire.
Bunica a pus o mână de sare într-o găleată cu apă fierbinte
Spunând să îmi înmoi picioarele în ea,
„Îți va înlătura durerea și oboseala," mi-a spus
Acasă e locul unde se petrece vindecarea.

Acum mă pun metaforic în pielea imigrantului
Ce vor numi ei acasă? Când vor ajunge acolo?
Au dormit pe șinele de tren?
Pentru că au crezut că nu venea niciun tren? Sau, dacă din
întâmplare au ajuns acasă,
I-au așteptat bunicile lor cu o găleată
cu apă fierbinte și sare
Pentru a ușura durerea?
Eu, în căutarea răspunsurilor sunt în căutarea Sfântului Graal.

Cantata
Andreea Iulia Scridon

Uterus, drugged oracle, sends twice
her interstellar messages
from the other side of paradise:

as sure as Christian reprobation, I am predestined for your children,
ill-chanced to mother this love's amputee,
detached from any berth of tenable reality

unannounced to the unknowing, mantled presence consigning,
you've stood lighthouse, Polar Star,
I'm Balthazar, Melchior and Gaspar.
Will I still tightrope the berms of your dreams,
when a horsehair noose hangs us both from their beams?
relaxed as an valerian-smoking octopus, your mind my home,
when we are married to others in our gloam?

You'll be bald, an old baby, your wife faded, still in love with you
I'll be tight-lipped, wedded too, to all I promised I would never do:

my errors lined up Matryoshka on the windowsill,
I weigh them in my palm like a beaded string of pearls
they glow around my neck
in talismanic order
with the vague lustre of regret.

All the words I never said,
       all the things I never did,

you, angel from bottom to top, my nightmare
and daymare, with your worn-out face and worn-out hair,

Cantată
Gabriela-Raluca Duță

Uterul, oracol drogat, trimite de două ori
mesajele sale interstelare
din cealaltă parte a paradisului

la fel de sigur ca-n reprobarea Creștină, sunt predestinat
copiilor voștri,
blestemat să dau viață rămășițelor acestei iubiri
desprinse de orice dană a realității destoinice

neanunțat necunoscutului, prezență învăluită,
ai fost far, Stea Polară,
Sunt Baltazar, Melchior și Gaspar.
Voi merge tot pe frânghie prin dunele viselor tale,
cât timp un laț din păr de cal ne atârnă pe amândoi de bârne?
relaxată ca o caracatiță fumătoare de valeriană, mintea ta
căminul meu
când vom fi căsătoriți cu alții în amurgul nostru?

Vei fi chel, ca un bebeluș bătrân, soția ta trecută, încă
îndrăgostită de tine
Voi fi taciturn, căsătorit și eu, cu ce am promis că nu voi
face vreodată:

greșelile mele aliniate ca Matrioșka pe pervaz,
Le cântăresc în palmă ca un șirag mărgelat de perle
strălucesc în jurul gâtului meu
în ordine talismanică
cu lustrul vag al regretului.

Toate cuvintele pe care nu le-am rostit,
        toate lucrurile pe care nu le-am făcut,

tu, înger din cap până în picioare, coșmarul meu
și coșmarul de zi, cu fața ta sleită și părul tocit,

from inside out, from upside down –
name me as you like
but do not name me yours,
I am the keeper of lost love, wool socks and dull hues,
What's left of my face
is now the mutest trace,
> I cannot be anyone's muse.

din interior în exterior, de sus până jos –
numeşte-mă cum vrei,
dar nu mă numi al tău
sunt păstrătorul iubirii pierdute, şosetelor din lână
şi al nuanţelor mate,
Ce a rămas din faţa mea e o vagă urmă,
    Nu pot fi muza nimănui.

Gloss

Andreea Iulia Scridon

We had our way of speaking in gloss,

One day things will become clear to you, means
I am a coward,
but so am I,
so am I.

I will remember you, means
I am very afraid.

Some words are universal:
you are very clever,
but so am I,
so am I,
and I know
that you can impart them where they fit.

For this reason, *I love you*
means, in fact, that you do not.
But so do I,
so do I.

Superficialitate
Adelina-Cristina Botyan

Aveam felul nostru prefăcut de a vorbi,

Va fi clar pentru tine cândva, înseamnă
Sunt un laş,
dar şi eu sunt
şi eu sunt.

Te voi ţine minte, înseamnă
Îmi este foarte teamă.

Unele cuvinte sunt universale:
eşti foarte inteligent,
dar şi eu sunt
şi eu sunt
şi ştiu
că se pot împărţi unde corespund.

Pentru asta, *te iubesc*
înseamnă, de fapt, că nu o faci.
Dar nici eu,
nici eu.

Detox Passage
Christina Thatcher

after William Brewer

You find spoons everywhere:
under kitchen cabinets, inside comforters,
poking through boxer briefs. Yesterday,
you sat on the sofa and discovered spoons
had replaced stuffing. You cut open cushions,
heaved out hundreds. *This is a clearing process.*

You dream only of metal. The pastor tells you:
This is normal. You must simply let go of the spoons.
You accept this but the sink still fills up with silver.
The shower spits sterling. *Rid yourself of temptation,
my son.* The pastor has our father's blue-green eyes.

You listen and nod: throw out every spoon in the house.
You tell the pastor you can do it. You believe
you can do it. *God is with you, my son.*
The jerks in your arms and teeth begin
to go. All you had to do was rid yourself

of temptation. You thank God for new strength,
bow your head to pray for *more good,
more clean*, but every time you close
your eyes you see
that silver curve
and linger.

Parabola curățirii
Paula-Andreea Ghercă

după William Brewer

Găsești linguri peste tot:
sub dulapuri de bucătărie, înăuntrul cuverturilor,
strecurîndu-se prin boxeri. Ieri,
te-ai așezat pe canapea și ai descoperit că lingurile
țin locul umpluturii. Tai pernuțele și le desfaci,
sute s-au strâns. *Acesta este un proces de curățare.*

Visezi doar metal. Pastorul îți spune:
Este normal. Trebuie pur și simplu să te lepezi de linguri.
Accepți asta, dar chiuveta e încă plină de argint.
Dușul scuipă sclipiri argintii. *Eliberează-te de ispită,
fiul meu.* Pastorul are ochii albaștri-verzui ai tatălui nostru.

Asculți și aprobi: aruncă fiecare lingură din casă.
Spune-i pastorului că poți să faci asta. Tu crezi
că poți să o faci. *Dumnezeu este alături de tine, fiule.*
tremurul din brațele și dinții tăi
pornesc. Tot ce trebuia să faci era să te eliberezi

de ispită. Îi mulțumești lui Dumnezeu pentru voință,
îți pleci capu-n rugăciune pentru *mai mult bine,
mai multă curățire*, dar de fiecare dată când închizi
ochii zărești
acea curbură argintie
și eziți.

How to Build a Boat
Christina Thatcher

Use wood from your hometown—
in my case, wild pine.

Sand it smooth
and cork the holes.

Find water that's not too deep
to test it. Practice swimming.

Then shove off. Live on that boat,
find other boat-goers.

Approach shores that look nothing
like your own.

Learn from the people there.
Find small joys.

Accept your life has little meaning.

Leave the boat when you're ready,
give yourself up to the sea.

Cum să construiești o barcă
Roberto-Alexandru Bușoi

Folosește lemnul din orașul natal...
în cazul meu, pin sălbatic.

Șlefuiește-l bine
și astupă-i găurile.

Găsește apă puțin adâncă
pentru a o testa. Exersează înotul.

Apoi, șterge-o. Trăiește pe acea barcă,
găsește alți navigatori.

Apropie-te de țărmuri care nu seamănă
cu al tău.

Învață de la oamenii de acolo.
Găsește mici bucurii.

Acceptă că viața ta e de-o infimă importanță.

Părăsește barca atunci când ești gata,
lasă-te în voia mării.

Lost world
Camille Barr

Sitting by the creek
Stop listen slow
Dip the toes
Cold rush of life
Broadening horizons
Imagination flourishing
In this show of nature
Blooms
All there is to know
Transported
To the beginning of time
Lost and found
In the cycle that never ends
Feel it in your bones
Hearing it for the first time
The beating of a heart
Connected
To the signal of life
A magical place
This world is full of shadows
What I take then is the wild
In the hope it may tame
The nature of my kind

Lumea uitată
Alexandra-Oxana Drăgoi

Stând lângă pârâu
Oprește-te și ascultă șoaptele
Încearcă apele
Al vieții rece freamăt
Orizonturi largi
Imaginația dezlănțuită
În acest spectacol al naturii
Înflorește –
Tot ce este de știut
Transportat
La începutul timpului
Pierdut și găsit
În ciclul care nu are capăt niciodată
Las-o să te cuprindă
Auzind pentru prima dată
Bătaia unei inimi
Conectată
La semnalul vieții
Un loc magic
Lumea cea e plină de umbre
Aleg rebeliunea dacă se cere
În speranța că poate îmblânzi
Natura speciei mele.

Memory
Camille Barr

A moment in time
Not easily forgotten
A lesson from the past
Time travelling
A connection made
Building blocks of future days

All secrets to the universe flow through here
One collision after another
The sequence spirals
And then ... the first word was spoken
Born to language
Like the eagle fly's

Consciousness awoke
Step by step
Slow and steady
Change has been our friend
Time though was never on our side
For all things must come to an end

On this quest of variables
Challenges remain unique
You may not remember me
We all carry our own memory
Keeping us on the road to change
For sameness would stand us still

Memories captured thoughts
To be stored and withdrawn
Evolving and insuring
Where there was nothing
There will be life
Expanding into...

Amintire
Cristiana-Ștefana Giurcă

Un moment în timp
Ce nu e ușor de uitat
O lecție din trecut
Călătorind în timp
O legătură
Clădind baza viitorului

Toate tainele universului trec pe-aici
O coliziune după alta
Șirul continuă
Și apoi ... fu rostit primul cuvânt
Din limbaj născut
Ca zborul de vultur

Conștiința se trezi
Pas cu pas
Lent și sigur
Schimbarea ne-a fost amic
Timpul, însă, nu a ținut cu noi deloc
Căci totul are un sfârșit

În căutarea schimbărilor
Probele rămân unice
Nu mă mai ții minte poate
Toți purtăm propria amintire
Ținându-ne pe drumul schimbării
Căci rutina ne-ar ține pe loc

Amintiri din gânduri
Păstrate și alungate
Evoluând și garantând
Că unde nu a fost nimic
Va fi viață
Continuând în...

Below the mountains
Kate Rose

In the morning a white horse greets me at the gate
as I walk the hill towards the church. She gallops away,
her tail a cascading waterfall.

Crows burst from a petrified tree, dispersing with angry cries.
Clouds race overhead. A tractor starts-up in the lane.
A bell echoes across the valley, down to the riverbed.

A grocery van stops beside my neighbour's farmhouse.
She buys a slab of Cantal wrapped tight in greaseproof paper,
offers me a slice; its hard cream core stings, then warms my mouth.

She tells me they have lost five lambs this Spring,
their mothers unable to suckle. The hamlet is cool for April,
exposed between the hills. I take her gift home for lunch.

La poalele munților
Oana-Denisa Dragomir, Lara-Lorelai-Maria Balazs

În zori de zi cai albi mă-ntâmpină la poartă
în timp ce urc dealul spre biserică. O iapă se îndepărtează în
galop, cu coada-i o cascadă lină.

Ciorile se împrăștie dintr-un copac împietrit, croncănind
furioase.
Deasupra, norii se întrec. Un tractor pornește pe brazdă.
Un clopot răsună-n vale, spre albia râului.

O mașină cu alimente se oprește lângă ferma vecinei.
Ea cumpără o bucată de Cantal strâns înfășurată în hârtie,
îmi oferă o felie; gustul înțepător de smântână veche îmi
încălzește gura.

Îmi spune c-au pierdut cinci miei astă primăvară,
mamele lor n-au mai putut să-i alăpteze. Cătunul se zărește
între dealuri. O zi răcoroasă de aprilie. Iau cadoul ei acasă
pentru prânz.

Propagating
Kate Rose

At daylight we climb the hill, chasing a kite's echo across the scorched valley, lined with a criss-cross of sacred mounds. At the forest's perimeter, in the pine shadows, we find a single rose, burst yellow. We've waited long enough to see it, yet wonder at its timing, so behind for the season with autumn at its heels. *Tenacious*, you say, looking back towards our house, its deep stone scarred by many winters. Then (our heads still dizzy from the hike) we find snowberries hidden behind a wall. We saw them once before, exploding silver fruit. We pick their waxed leaves, rub them between our fingers, ointment for our tautness. We cut their soft stems to place in tubs of soil under the warmth of our abri, ready to replant on shaded banks next Spring.

Propagare
Alexandra-Oxana Drăgoi

La lumina zilei urcăm dealul, urmărind ecoul unui uliu prin valea pârjolită, mărginită de o încrucișare de movile sacre. În perimetrul pădurii, la umbra pinilor, găsim un singur trandafir, galben aprins. Am așteptat destul ca să-l vedem, dar ne miră totuși înflorirea lui, târzie pentru acest anotimp, în prag de toamnă. Tenace, spui tu, privind înapoi spre casa noastră, cu piatra ei adânc brăzdată de multe ierni. Apoi (cu capetele încă amețite de drumeție) găsim merișoarele ascunse în spatele unui zid. Le-am mai văzut o dată, o explozie de fructe argintii. Le culegem frunzele cerate, le frecăm între degete, unguent pentru încordarea noastră. Le tăiem tulpinile moi pentru a le așeza în vase de pământ sub căldura abriului nostru, gata să le replantăm pe maluri umbrite primăvara viitoare.

Not My Nightmare
Donald Krieger

I saw *The Pawnbroker* in college
a family picnic in a spotless German wood
the growl and squeal of engines and brakes
soldiers climbing from the trucks
the father led in chains through a warehouse

> another father
> dragged from the table
> tortured and set to work
> in a Baghdad prison
>
> another cop
> the wrong door
> another black teenager
> shot dead

a glimpse of his nude wife on a gurney
men pointing and haggling
the son on another
men pointing and haggling
the daughters calling out
and screaming.

> another daughter
> sold for breeding
> another wife
> in a fine house

I have lived that in a dream since
and since I was a child
the same trucks at the same curb
the same growls and the same screams.

I have always feared
that even here in America
the trucks will come some day for me

Nu e coșmarul meu
Oana-Denisa Dragomir

Am văzut *Muntele de pietate* în facultate.
un picnic în familie într-o pădure germană nepătată.
cu zgomotul și scârțâitul motoarelor și al frânelor.
soldați coborând din camioane
tatăl condus în lanțuri printr-un depozit.

        un alt tată.
        târât de la masă.
        torturat și pus la muncă
        într-o închisoare din Bagdad

        un alt polițist
        ușa greșită
        un alt adolescent de culoare
        împușcat mortal

o privire asupra soției sale dezbrăcate pe o targă.
bărbați arătând cu degetul și târguindu-se
fiul pe alta
bărbați arătând și târguindu-se
fiicele strigând
și țipând.

        o altă fiică
        vândută pentru produs
        o altă soție
        într-o casă frumoasă
Am trăit asta într-un vis de atunci
și de când eram copil.
aceleași camioane la aceeași bordură
aceleași mârâituri și aceleași țipete.

Întotdeauna m-am temut
că și aici, în America
camioanele vor veni într-o zi după mine

but that's not my nightmare.

>	another news flash
>	flak jackets and rifles
>	another sick certainty
>	pure men of faith

I never noticed that
anywhere in the world if

>	you're not white
>	they come any day
>	you're not male
>	it's every day

dar ăsta nu e coșmarul meu.

> o altă știre de ultimă oră
> veste antiglonț și puști
> o altă certitudine bolnavă
> oameni de credință, puri.

Nu am observat niciodată că
oriunde în lume dacă

> nu ești alb.
> ei vin în orice zi
> dacă nu ești bărbat
> în fiecare zi.

Our Shared Humanities
Donald Krieger

Nothing is deadlier:
dogma

so beautiful
courage

riskier
faith

seductive
privilege;

more noble and just
war

more profane
indifference

crueler
God;

no greater truth
kindness

nor greater lie
color;

nothing
more human
discovery.

A noastră umanitate
Patricia Anton

Nimic nu e mai ucigător:
dogma

așa de frumos
curajul nostru

mai riscantă
credința noastră

mai seducător
privilegiul nostru;

mai nobil și drept
războiul

mai profană
indiferența noastră

mai crud
Dumnezeu;

niciun adevăr mai mare
o faptă bună

nicio minciună mai mare
culoarea noastră;

nimic
mai uman
descoperirea.

Poet, Lover, Birdwatcher
Nissim Ezekiel

To force the pace and never to be still
Is not the way of those who study birds
Or women. The best poets wait for words.
The hunt is not an exercise of will
But patient love relaxing on a hill
To note the movement of a timid wing;
Until the one who knows that she is loved
No longer waits but risks surrendering –
In this the poet finds his moral proved
Who never spoke before his spirit moved.

The slow movement seems, somehow, to say much more.
To watch the rarer birds, you have to go
Along deserted lanes and where the rivers flow
In silence near the source, or by a shore
Remote and thorny like the heart's dark floor.
And there the women slowly turn around,
Not only flesh and bone but myths of light
With darkness at the core, and sense is found
But poets lost in crooked, restless flight,
The deaf can hear, the blind recover sight.

Iubitor de poezie, păsări și frumos
Eliza Claudia Filimon

Grăbit și fără stăruință
Nu-i cel ce-admiră păsări, cuminte
Sau femei. Poetul așteaptă cuvinte.
Pânda nu înseamnă doar voință
E relaxare pe deal și dorință
De-a prinde o bătaie de aripi timide;
Atunci cea care se știe iubită
Riscă și inima-și deschide –
Speranța poetului e îndeplinită
Emoție fără vreo vorbă rostită.

Ritmul mai lent e mult mai grăitor.
Și dacă păsări rare vrei să vezi
Câmpii pustii și râuri traversezi
În cursul lin spre mal sau spre-un izvor
Adânc și ascuns ca al sufletului dor.
Și acolo femeile la tine revin
Nu sunt doar trup ci muze de lumină
Cu miez de beznă, iar sensul e deplin
Dar poeții se pierd într-un zbor agitat,
Cei surzi aud, cei orbi văzul au câștigat.

Urban
Nissim Ezekiel

The hills are always far away.
He knows the broken roads, and moves
In circles tracked within his head.
Before he wakes and has his say,
The river which he claims he loves
Is dry, and all the winds lie dead.

At dawn he never sees the skies
Which, silently, are born again.
Nor feels the shadows of the night
Recline their fingers on his eyes.
He welcomes neither sun nor rain.
His landscape has no depth or height.

The city like a passion burns.
He dreams of morning walks, alone,
And floating on a wave of sand.
But still his mind its traffic turns
Away from beach and tree and stone
To kindred clamour close at hand.

Urban
Eliza Claudia Filimon

Colinele-s mereu în zare.
El ştie drumurile sparte
Şi-n cercuri gându-i rătăcit.
În zori, el încă nu tresare,
Dar râul său iubit, aparte,
A secat şi vântu-i domolit.

Nu vede-n zori cerul aproape
Cum în lumină se trezeşte
Nu simte umbrele de noapte
Cum mângâie ale lui pleoape.
Soare şi ploaie nu-ntâlneşte
N-are ecou sau glorie-n şoapte.

Oraşul pasional pulsează
În vis se plimbă solitar
Plutind pe-un val de nisp fin.
În gând, el traficul deviază
De la ţărm şi pomi şi caolin
Către vacarmul familiar.

The Pear Tree, Manse, Pontardawe
Menna Elfyn

As my big brother, nobody climbed
branches better or further than you;
in our orchard, high above, there you were
in the midst of pears, feet on a plank
in the arms of the boughs, looking
through a canopy to the sky above.

Between heaven and earth, just a boy,
but your mind faraway, you the tall lad
with the horizon calling you to safety
towards faith and save you from a fall:
grace's throne came and led you to
the Scarlet Cross, and the Tree of Life.

And now, you have reached that higher land
 as you climb to its Shelter from earth to heaven
in the still hand of One who extends his mercy,
releasing you from the garden and your family tree:
bearing fruit in plenitude – a harvest full of sweet
juice, each pear so succulent for those he loved –
yn Geraint.*

* His name – Geraint – means kith, kin and friends

Părul, Parohia, Pontardawe
Gabriela-Raluca Duță

Fratele meu mai mare, nimeni nu se cățăra
pe ramuri mai bine sau mai departe decât tine;
în livada noastră, în înalturi, acolo erai
în mijlocul perelor, picioarele pe o scândură
în brațele crengilor, privind
printre frunziș spre cerul de deasupra.

Între rai și pământ, doar un băiat,
dar mintea ta e-n depărtare, tu flăcău înalt
cu orizontul care te cheamă spre siguranță
spre credință și te salvează de la o cădere:
tronul grației divine a venit și te-a condus la
Crucea Stacojie și la Copacul Vieții.

Și acum, ai ajuns la acel tărâm de sus
pe măsură ce urci la Adăpostul său de la pământ la cer
în mâna nemișcată a Celui care își întinde milostivirea,
eliberarându-te din grădină și arborele genealogic:
purtând fructe în plenitudine – o recoltă plină de dulce
suc, fiecare pară atât de suculentă pentru cei pe care el i-a
iubit – Geraint.*

* Numele lui – Geraint – înseamnă cunoștințe, rude și prieteni.

The Players
(Donetsk 2011)
Menna Elfyn

The trouble with war is
'someone, somewhere must sweep up the mess' –
a woman's gut, the age of man or its
legacy of monuments – The Players,
as my son called them, when we breezed past
a man with a gun on the square in Aberbanc.

Today, the men are in tanks
and I'm back in Donetsk, giving thanks to a statue –
my compass at the crossroads.
I turn right; wave *bore da* to Lenin,
boorish from his dusting of snow.
But his patrons still peck away peace – pigeons
beat their wings at his crown; restless feathers
whip his blanket to a blizzard.

A girl from Odessa stops by. We walk
to the college and she laughs as I, on tenterhooks,
cross the crystal ice. She, in high heeled boots,
bustles over bones she knows to her marrow.
What bones? I ask. Oh the tombstones of Jews
form the footings so he soars.

And towering tonight, the thought
of how I played on the word Odessa
as it still plays afresh on my mind. Ôd-Snow
I said, will melt to Tes. The sunshine must come again soon.
A torrent of wordplay. The teasing apart
of Ukraine's second fiddle to Russia's knack of burying truth.
                                                    Pure irony.

Pure? The players have found their feet .
Violence waits for something to give... A consonant or two
between deceit and devastation, conflict

Jucătorii
(Donețk 2011)
Paula-Andreea Ghercă

Problema cu războiul este că
„cineva, undeva trebuie să măture mizeria" –
intestinul unei femei, vârsta bărbatului sau
moștenirea monumentelor – Jucătorii,
cum le spunea fiul meu, când ne strecuram pe lângă
un bărbat cu un pistol în piața din Aberbanc.

Astăzi, bărbații sunt în tancuri
și m-am întors în Donețk, mulțumind unei statui...
busola mea la răscruce.
Fac dreapta; transmit *bore da** lui Lenin,
grosolan pe sub omătul prăfuit.
Dar patronii săi încă ciugulesc pacea – porumbeii
dau din aripi la coroana lui; pene neastâmpărate
lovesc pătura lui într-un viscol.

O fată din Odesa trece pe aici. Mergem
la facultate și ea râde în timp ce eu, ca pe ghimpi,
traversez gheața de cristal. Ea, în cizme cu toc înalt,
se agită deasupra oaselor pe care le știe pân-la măduvă.
Ce oase? Întreb. O, pietrele funerare ale evreilor
formează baza pe care el se se înalță.

Și falnic în seara asta, gândul
despre cum m-am jucat cu cuvântul Odessa
căci încă stăruie în mintea mea. Ôd**
am spus, se va topi în Tes***. Soarele iesedin nou în curând.
Un torent de jocuri de cuvinte. Destrămarea celui de-al doilea
lăutar al Ucrainei la talentul Rusiei de a îngropa adevărul.
                                               Pură ironie.

Pură? Jucătorii și-au regăsit picioarele.
Violența așteaptă să dea ceva... O consoană sau două
între vicleșug și veștejire, conflict

and counting corpses or words that held captive:
Donetsk, Odessa, Donbas –

All may thaw to war any second.
Each drawn breath on tenterhooks.

și numărul de cadavre sau cuvinte care le țineau captive:
Donetsk, Odessa, Donbas –

Totul se va dezgheța-n război de-ndată.
Fiecare gură de aer ca ultima.

* *Bună dimineața (Galeză)*
** *Zăpadă (Galeză)*
*** *Soare (Galeză)*

The Ukrainian mother
Menna Elfyn

I've wondered often what became of her
facing the camera that day, her arms held high
as if wringing someone's neck, how she gestured
she'd kill a Russian soldier with her bare hands
if she could…Then stock still awhile –
she stutters, 'I'm not sure what his
mother would say to that'.

                        She surrenders
again to mother-land, remembers anew
how captive they are from breast to cause
to country, to give birth is what she feels
and warmth at the other mother's womb,
each to her own offspring, both wounded
from birth to love and lose, her fury tempered
by tender notes, those scales which hear the fear
of life and death as she speaks of unreal real
 times, abides again to the in-between-ness
of motherhood's lowly state. And her song is lost.

Mama ucraineană
Paula-Andreea Ghercă

M-am întrebat adesea ce s-a ales de ea
în acea zi, cu fața la cameră, brațele-i în aer
de parc-ar frânge gâtul cuiva, cum gesticula
ar ucide un soldat rus cu mâinile goale
dacă ar putea... Apoi șade înc-o vreme—
bâlbâie ea: „Nu sunt sigură ce-ar
spune mama lui la asta."
                      Ea se predă
din nou patriei-mamă, își amintește de-ndată
cât de captivi sunt, până la cer,
la țară, să nască este ceea ce simte
și căldura din pântecele unei alte mame,
fiecare cu propria-i progenitură, amândoi răniți
de la naștere până la iubire și pieire, furia ei s-a domolit
prin note tandre, acele cântare ce-aud frica
de viață și de moarte, în timp ce ea vorbește
despre realul ireal al vremii,
rămâne din nou în mijlocul umil
al maternității. Iar cântecul ei se stinge.

The Poets

Camille Barr is an Australian poet, artist and musician and the author of two books, *Behind the Facade* (2017) and *Rise* (2019), has had her work featured in a number of anthologies, magazines, newspapers and radio over the world. Originally from Byron Bay, Barr currently lives in Melbourne, Victoria where she continues to practice poetry, art and music.

Karen Gemma Brewer is an award-winning poet and performer from Ceredigion in Wales. Her writing, combining emotion and mundanity with a strong sense of the absurd, has been published in the UK, Europe and USA. A second edition of her collection *Seeds From A Dandelion* was published in 2021; a new collection, *Dancing In The Sun*, was due in 2022.

Miriam Calleja is a Maltese poet and bilingual translator. Her work has been published in several collections, a collaborative art book, and numerous international anthologies. She facilitates creative writing and poetry workshops and enjoys collaborations with other artists. She is the Stanza representative in Malta and vice-president of PEN Malta.

Rachel Carney is a PhD student and creative writing tutor based in Cardiff, in the UK. Her poems, reviews and articles have been published in magazines including *Poetry Wales*, *Anthropocene*, *Mslexia* and *Acumen*. Her poem 'Understood' came second in the Bangor Poetry Competition in 2021; other poems have been shortlisted and commended in competitions.

Gillian Clarke is an acclaimed Welsh poet and playwright, editor, broadcaster, lecturer and translator. Her poetry is on UK school curricula and has been translated into more than 10 languages. She has read and lectured in Europe and the US and was the third National Poet of Wales (2008-2016). She co-founded Tŷ Newydd, a writers' centre in North Wales.

Poeții

Camille Barr este o poetă, artistă și muziciană australiană și autoarea a două cărți, *Behind the Facade* (2017) și *Rise* (2019). Scrierile sale au fost publicate într-o serie de antologii, reviste, ziare și emisiuni radio din întreaga lume. Originară din Byron Bay, Barr locuiește în prezent în Melbourne, Victoria, unde continuă să scrie poezie și să facă artă și muzică.

Karen Gemma Brewer este o poetă și interpretă premiată, din Ceredigion, Țara Galilor. Scrierile ei, care combină emoția și banalitatea cu un puternic simț al absurdului, au fost publicate în Marea Britanie, Europa și SUA. O a doua ediție a colecției sale *Seeds From A Dandelion* a fost publicată în 2021; o nouă colecție, *Dancing In The Sun*, urmează să apară în 2022.

Miriam Calleja este o poetă de origine malteză și traducătoare bilingvă. Lucrările ei au fost publicate în mai multe colecții, un album de artă colaborativ și numeroase antologii internaționale. Ea facilitează ateliere de scriere creativă și poezie și se bucură de colaborări cu alți artiști. Este reprezentanta Stanza în Malta și vicepreședinte a organizației PEN Malta.

Rachel Carney este studentă la doctorat și predă scriere creativă în Cardiff, Marea Britanie. Poeziile, recenziile și articolele ei au fost publicate în reviste precum *Poetry Wales*, *Anthropocene*, *Mslexia* și *Acumen*. Poezia ei „Understood" a obținut locul al doilea la Concursul de poezie din Bangor, în 2021; alte poezii ale sale au fost selectate și apreciate în diverse concursuri.

Gillian Clarke este o apreciată poetă, dramaturgă și traducătoare de origine galeză, editor, radiodifuzor și lector. Poeziile ei sunt incluse în programele școlare din Marea Britanie și au fost traduse în peste 10 limbi. A citit și a ținut prelegeri în Europa și SUA și a fost al treilea poet național al Țării Galilor (2008-2016). Ea a co-fondat Tŷ Newydd, un centru din Țara Galilor de nord, pentru scriitori.

Menna Elfyn is an award-winning poet and playwright from Wales who writes in Welsh. In 2022, she became the first Welsh-language poet to receive the prestigious Cholmondeley Award from the Society of Authors for her contribution to poetry in the UK and internationally. Widely published and translated, she is Emerita Professor of Poetry and Creative Writing at Trinity Saint David. She is also President of Wales PEN Cymru and campaigns for the free expression of writers worldwide.

John Eliot is a poet and critic who credits the encouragement of an anthology editor for setting him on the road to fulfilling an ambition to publish his writing, a favour he is keen to pass on through his work with Italian and Romanian universities on anthologies of translations. Eliot is now poetry editor for Mosaïque Press and co-editor of this series of books. He is a staunch European living in France.

Nissim Ezekiel was an Indian-Jewish poet, actor, playwright, editor and art critic. He was a major figure in postcolonial India's literary history, specifically for Indian poetry in English where his style and themes were influential in modernising literature. India's National Academy of Letters recognised him with the Sahitya Akademi Award (1983) for his collection *Latter-Day Psalms*.

Carmine Giordano is a retired English teacher and assistant principal, and the author of five poetry collections. He is associate editor of *Abalone Moon*, an online poetry magazine, and adjunct lecturer in English at Palm Beach State College. He won a Fulbright Award for Study in Italy in 1993.

Manuel Iris is a Mexican poet living in Cincinnati, where he was the city's Poet Laureate Emeritus (2018-2020). He has been published widely and has spoken at events in Mexico, the US and Europe. His books have earned him major literary awards. In 2021, he became a member of the prestigious System of Art Creators of Mexico (Sistema Nacional de Creadores de Arte).

Menna Elfyn este o poetă și dramaturgă premiată din Țara Galilor, care scrie în limba galeză. În 2022, ea a devenit prima poetă galeză distinsă cu prestigiosul premiu Cholmondeley, de către Society of Authors pentru contribuția ei în poezie în Marea Britanie și la nivel internațional. Publicată și tradusă pe scară largă, ea este profesor emerit de poezie și scriere creativă la Universitatea Trinity Saint David. De asemenea, este președinta Wales PEN Cymru și militează pentru libera exprimare a scriitorilor din întreaga lume.

John Eliot este un poet și critic care a beneficiat de încurajarea unui editor de antologie, care i-a deschis calea spre îndeplinirea ambiției de a-și publica scrierile, o favoare pe care și el dorește să o facă, prin colaborare, universităților din Italia și România prin intermediul antologiilor de traduceri. Eliot este acum editor de poezie pentru Mosaïque Press și co-editor al acestei serii de cărți. Este un european convins care trăiește în Franța.

Nissim Ezekiel a fost un poet, actor, dramaturg, editor și critic de artă evreu. de origine indiană. El a fost o figură marcantă în istoria literară a Indiei postcoloniale, în special datorită poeziilor indiene în limba engleză, ale căror stil și tematică au contribuit la modernizarea literaturii. Academia Națională de Litere din India l-a distins cu Premiul Sahitya Akademi (1983) pentru colecția sa *Latter-Day Psalms*.

Carmine Giordano este profesor de engleză pensionat și director adjunct, autor a cinci colecții de poezie. Este editor asociat la *Abalone Moon*, o reviste digitală de poezie și lector asociat de limba engleză la Universitatea din Palm Beach A câștigat o bursă Fulbright de studii în Italia în 1993.

Manuel Iris este un poet mexican care locuiește în Cincinnati, unde a fost distins cu titlu de Poet Laureat Emerit (2018-2020). A fost publicat pe scară largă și a ținut conferințe la evenimente din Mexic, SUA și Europa. Cărțile sale i-au adus premii literare importante. În 2021, a devenit membru al prestigiosului System of Art Creators, Mexico (Sistema Nacional de Creadores de Arte).

Don Krieger is a biomedical researcher whose focus is the electric activity within the brain. He is author of the 2020 hybrid collection *Discovery*, the 2022 hybrid chapbook *When Danger Is Past, Who Remembers?*, a 2020 Pushcart nominee, and a 2020 Creative Nonfiction Foundation Science-as-Story Fellow. His work has been translated and has appeared in numerous publications.

Kavita Ezekiel Mendonca was born and raised in a Jewish family in Mumbai, the daughter of the late Nissim Ezekiel. Educated at Queen Mary School, the University of Bombay, and Oxford Brookes University, England, she has taught English, French and Spanish in India and overseas in a teaching career spanning over four decades. Her first book, *Family Sunday and Other Poems*, was published in 1989, with a second edition in 1990.

Laurence McPartlin was born in Hartlepool, UK. After school he worked in the steelworks, before moving to Scotland and then Harrogate where he worked in hotel management. Finally he moved to Devon, South Hams where he has lived ever since. He loves playing the guitar, song writing and sketching. Laurence has two collections published, *Wake the Stars* (2019) and *The Sea is in my Head* (2022).

Kate Rose is a poet and short fiction writer living in rural France. Her first collection of poetry, *Brushstrokes*, was published in the Mosaïque Press Chapbook series in 2022. Her work has been published in periodicals and commended in poetry contests. She co-founded the Charroux Literary Festival (2014-2020) and the current venture, Poetry@Treignac.

Chrys Salt is a prolific and widely published poet and a 'happy performer' of her work who divides her time between London and Southwest Scotland. Her work has appeared in anthologies, magazines and journals worldwide, broadcast on radio, translated into several languages and set to music by a number of composers. A musical interpretation by Finnish composer Ilari Laakso was scheduled for concerts in Finland in 2022.

Don Krieger este un cercetător în biomedicină, specializat în activitatea electrică cerebrală. Este autorul colecției hibride Discovery (2020), al cărții hibride *When Danger Is Past, Who Remembers?* (2022), nominalizat la premiul Pushcart în 2020 și beneficiar al bursei Creative Nonfiction Foundation Science-as-Story, în 2020. Scrierile sale au fost traduse și au apărut în numeroase publicații.

Kavita Ezekiel Mendonca, fiica regretatului Nissim Ezekiel. s-a născut și a crescut într-o familie de evrei din Mumbai. Educată la Queen Mary School, la Universitatea din Bombay și la Universitatea Oxford Brookes din Anglia, ea a predat engleză, franceză și spaniolă în India și în străinătate având o carieră didactică de peste patru decenii. Prima ei carte, *Family Sunday and Other Poems*, a fost publicată în 1989 și reeditată în 1990.

Laurence McPartlin s-a născut în Hartlepool, Marea Britanie. După finalizarea studiilor, a lucrat în domeniul oțelăriei, înainte de a se muta în Scoția și apoi în Harrogate, unde a lucrat în management hotelier. În cele din urmă, s-a mutat în Devon, South Hams, unde locuiește acum. Îi place să cânte la chitară, să scrie cântece și să deseneze. Laurence are două colecții publicate, *Wake the Stars* (2019) și *The Sea is in my Head* (2022).

Kate Rose este o poetă și scriitoare de proză scurtă, care trăiește într-o zonă rurală a Franței. Prima ei colecție de poezie, *Brushstrokes,* a fost publicată în seria Mosaïque Press Chapbook în 2022. Lucrarea ei a fost publicată în periodice și apreciată în concursuri de poezie. Ea a co-fondat Festivalul Literar Charroux (2014-2020) și asociația recent inaugurată, Poetry@Treignac.

Chrys Salt este o poetă prolifică, publicată pe scară largă și o „interpretă fericită" a operei proprii, care își împarte timpul între Londra și sud-vestul Scoției. Scrierile ei au apărut în antologii, reviste și jurnale din întreaga lume, au fost difuzate la radio, traduse în mai multe limbi și puse pe muzică de compozitori. O interpretare muzicală a compozitorului finlandez Ilari Laakso este programată pentru concerte în Finlanda în 2022.

Andreea Iulia Scridon is a poet and translator. Her debut book of poetry in Romanian, *Hotare* (*Borders*), published in 2021, won second place in a national manuscript contest. A poetry pamphlet, *Calendars*, and book entitled *A Romanian Poem* are forthcoming.

George T Sipos is a Romanian-American writer, literary critic, translator and scholar of Japan and higher education. He translates Japanese literature into Romanian and English and has published four volumes of translations in Romania, with a fifth planned. His English writing has been published in literary ezines.

Christina Thatcher is a Creative Writing lecturer at Cardiff Metropolitan University, a poetry editor and tutor, workshop facilitator and a member of the Literature Wales Management Board. Her poetry and short stories have featured in more than 50 publications. She has had two poetry collections published.

RS Thomas was a Welsh poet and Anglican priest noted for nationalism, spirituality and dislike of the anglicisation of Wales. He has been described as "the Aleksandr Solzhenitsyn of Wales because he was such a troubler of the Welsh conscience". He is considered one of the major English language and European poets of the 20th century.

Sholeh Wolpé is a widely published Iranian-born poet, playwright and literary translator whose work has won many awards. Sholeh travels internationally as a performing poet, writer and public speaker. She has lived in Iran, Trinidad and the UK; currently she divides her time between Barcelona and Los Angeles where she is a Writer-in-Residence at the University of California, Irvine.

Andreea Iulia Scridon este poetă și traducătoare. Cartea ei de debut în poezie în limba română, *Hotare (Borders)*, apărută în 2021, a câștigat locul al doilea la un concurs național de manuscrise. Un pamflet în versuri, *Calendars* și carte intitulată *A Romanian Poem* vor apărea în curând.

George T Sipos este un scriitor româno-american, critic literar, traducător și filolog în studii de japoneză. Traduce literatura japoneză în limbile română și engleză și a publicat patru volume de traduceri în România, un al cincilea fiind planificat. Scrierile sale în limba engleză au fost publicate în reviste literare.

Christina Thatcher este lector de Scriere Creativă la Universitatea Cardiff Metropolitan, editor de poezie, coordonează ateliere de scriere creativă și este membră a consiliului de administrație galez Literature Wales. Poeziile și povestirile ei au apărut în peste 50 de publicații. A publicat două colecții de poezie.

RS Thomas a fost un poet galez și preot anglican remarcat pentru naționalism, spiritualitate și antipatie față de anglicizarea Țării Galilor. El a fost descris drept „Aleksandr Soljenițîn al Țării Galilor pentru că era un agitator al conștiinței galeze". Este considerat unul dintre cei mai mari poeți europeni de limbă engleză ai secolului al XX-lea.

Sholeh Wolpé este o poetă renumită, dramaturgă și traducătoare literară de origine iraniană, a cărei operă a câștigat numeroase premii. Sholeh călătorește pentru a oferi spectacole de poezie și a conferenția pe teme literare. Ea a locuit în Iran, Trinidad și Marea Britanie; în prezent, își împarte timpul între Barcelona și Los Angeles, unde este scriitoare în rezidență la Universitatea din California, Irvine.

The translators

Eliza Claudia Filimon is an Associate Professor of English in the English Department of the Faculty of Letters, Theology and History, at the West University of Timișoara, and a translator of English, Dutch and Spanish literature. Eliza coordinated the translation work of the team of student translators, as well as the online discussions between poets and students.

Patricia Anton is a first-year student in the MA programme Translation Theory and Practice, English language, at the Faculty of Letters, Theology and History at the West University of Timișoara.

Ana Maria Roxana Atănăsoaiei-Balaci is a first-year student in the MA programme Translation Theory and Practice, English language, at the Faculty of Letters, Theology and History at the West University of Timișoara.

Lara Lorelai Maria Balazs is a second-year student in the Languages and Literatures, Romanian-English BA programme at the Faculty of Letters, Theology and History, at the West University of Timișoara.

Adelina Cristina Botyan is a third-year student in the Applied Modern Languages, English-Spanish BA programme at the Faculty of Letters, Theology and History, at the West University of Timișoara.

Roberto Alexandru Bușoi a third-year student in the Applied Modern Languages, English-Spanish BA programme at the Faculty of Letters, Theology and History, at the West University of Timișoara.

Sebastian Ștefan Coman is a second-year student in the Applied Modern Languages, English-German BA programme at the Faculty of Letters, Theology and History, at the West University of Timișoara.

Traducători

Eliza Claudia Filimon este conferențiar universitar doctor la Catedra de Limba și Literatura Engleză a Facultății de Litere, Istorie și Teologie a Universității de Vest din Timișoara și traducător de literatură engleză, olandeză și spaniolă. Eliza a coordonat activitatea de traducere a echipei de studenți traducători și discuțiile online dintre poeți și studenți.

Patricia Anton este studentă în anul I la Masteratul Teoria și Practica Traducerii, limba engleză, în cadrul Facultății de Litere, Istorie și Teologie a Universității de Vest din Timișoara.

Ana Maria Roxana Atănăsoaiei-Balaci este studentă în anul I la Masteratul Teoria și Practica Traducerii, limba engleză, în cadrul Facultății de Litere, Istorie și Teologie a Universității de Vest din Timișoara.

Lara Lorelai Maria Balazs este studentă în anul al II-lea la Limbi și Literaturi, specializarea română- engleză, în cadrul Facultății de Litere, Istorie și Teologie a Universității de Vest din Timișoara.

Adelina Cristina Botyan este studentă în anul al III-lea la Limbi Moderne Aplicate, specializarea engleză-spaniolă, în cadrul Facultății de Litere, Istorie și Teologie a Universității de Vest din Timișoara.

Roberto Alexandru Bușoi este student în anul al III-lea la Limbi Moderne Aplicate, specializarea engleză-spaniolă, în cadrul Facultății de Litere, Istorie și Teologie a Universității de Vest din Timișoara.

Sebastian Ștefan Coman este student în anul al II-lea la Limbi Moderne Aplicate, specializarea engleză - germană, în cadrul Facultății de Litere, Istorie și Teologie a Universității de Vest din Timișoara.

Oana Denisa Dragomir is a first-year student in the MA programme Translation Theory and Practice, English language, at the Faculty of Letters, Theology and History at the West University of Timişoara.

Alexandra Oxana Drăgoi is a third-year student in the Languages and Literatures, Romanian-English BA programme at the Faculty of Letters, Theology and History, at the West University of Timişoara.

Gabriela Raluca Duţă is a third-year student in the Languages and Literatures, Romanian-English BA programme at the Faculty of Letters, Theology and History, at the West University of Timişoara.

Paula Andreea Ghercă is a PhD student in Philology at the West University of Timişoara.

Cristiana Ştefana Giurcă is third-year student in the Applied Modern Languages, English-Russian BA programme at the Faculty of Letters, Theology and History, at the West University of Timişoara.

Roxana Cristiana Neagoie is a second-year student in the Applied Modern Languages, English-German BA programme at the Faculty of Letters, Theology and History, at the West University of Timişoara.

Oana Denisa Dragomir este studentă în anul I la Masteratul Teoria și Practica Traducerii, limba engleză, în cadrul Facultății de Litere, Istorie și Teologie a Universității de Vest din Timișoara.

Alexandra Oxana Drăgoi este studentă în anul al III-lea la Limbi și Literaturi, specializarea română- engleză, în cadrul Facultății de Litere, Istorie și Teologie a Universității de Vest din Timișoara.

Gabriela Raluca Duță este studentă în anul al III-lea la Limbi și Literaturi, specializarea română- engleză, în cadrul Facultății de Litere, Istorie și Teologie a Universității de Vest din Timișoara.

Paula Andreea Ghercă este studentă la Școala Doctorală din cadrul Facultății de Litere, Istorie și Teologie a Universității de Vest din Timișoara.

Cristiana Ștefana Giurcă este studentă în anul al III-lea la Limbi Moderne Aplicate, specializarea engleză-rusă, în cadrul Facultății de Litere, Istorie și Teologie a Universității de Vest din Timișoara.

Roxana Cristiana Neagoie este studentă în anul al II-lea la Limbi Moderne Aplicate, specializarea engleză-germană, în cadrul Facultății de Litere, Istorie și Teologie a Universității de Vest din Timișoara.

Lightning Source UK Ltd.
Milton Keynes UK
UKHW040752041022
409900UK00001B/54